AF231383

REVENUS DU FRONT

Deux anciens militants FN racontent

NADIA ET THIERRY PORTHEAULT

REVENUS DU FRONT

Deux anciens militants FN racontent

BERNARD GRASSET

PARIS

ISBN 978-2-246-85152-3

Ce livre est né d'une colère. Colère d'avoir été trompés et mis tant d'énergie au service d'un parti qui trahissait nos valeurs profondes... Nous le dédions à tous ceux qui, comme nous, se sont fait piéger par la dédiabolisation. À ceux qui croient au discours officiel de Marine Le Pen et peuvent se laisser séduire, en ignorant tout de ce qui se joue en coulisses. Le double discours du Front national, nous l'avons rencontré. Sur le terrain, dans notre fédération, au sommet, à chaque rouage... Une machine pensée pour servir une illusion, qui mène la France à la division et nous détourne des solutions.

Nadia et Thierry Portheault

Quand j'étais petite, mon père était le seul Arabe du village. Il est né en Algérie. Je devais le dire quand je remplissais les fiches de début d'année à l'école… J'étais la seule de mes camarades dans ce cas. Là-bas, c'est un peu la campagne. Ils n'avaient jamais vu un Arabe ou un Noir de leur vie.

Seich est un petit village des Hautes-Pyrénées. Soixante-dix habitants et des champs à perte de vue. La première boulangerie est à 15 kilomètres. Mon père est arrivé en France tout petit, à l'âge de deux ans, en 1966. Son propre père est venu en France pour travailler comme maçon après l'indépendance. Puis il a fait venir ses deux premiers enfants et sa femme. Un mariage arrangé. Pourtant, ma grand-mère algérienne a du caractère. Une vraie « mamma », qui parle beaucoup. Quand il a mal à la tête, mon grand-père algérien va au café. C'est un taiseux. Comme mon grand-père maternel, le paysan. Je sais seulement qu'il a eu une enfance difficile, qu'il est du Béarn et qu'il est venu dans la région pour travailler comme bûcheron. Mes grands-parents français sont plutôt de gauche, communistes. Parce que les riches, c'est la droite. Et que nous, on est pauvres.

Du côté de ma famille algérienne aussi, on est pauvres. Mais les deux branches n'ont jamais pu s'entendre. Mes grands-parents français auraient voulu que leur fille épouse un gars du village. Mes grands-parents algériens que leur fils épouse une bonne musulmane… Mais ma mère est tombée enceinte et il a bien fallu les marier. « Sinon, j'aurais pris un coup de fusil! » raconte souvent mon père. Il voulait faire les choses bien. Il était plus « évolué » que les autres garçons du village. C'est ce qui a plu à ma mère. Parce que lui a grandi dans le 31, en Midi-Pyrénées. C'est plus urbain là-bas. Quand les deux familles se sont rencontrées, ma grand-mère algérienne a été très choquée par le mode de vie paysan de mes grands-parents français. La famille de ma mère élève des vaches à viande, des limousines. Au moment d'aller aux toilettes, on lui a indiqué un trou dans l'étable… Alors que dans son village algérien, à Mostaganem, toutes les familles avaient des toilettes.

J'aime mes grands-parents et je n'échangerais ma famille pour rien au monde, mais petite j'avais l'impression d'être un bouc émissaire, tout le temps tiraillée entre les uns et les autres. Ma grand-mère française disait : « Toi, tu es une vraie paysanne. » Ma grand-mère algérienne me disait : « Tu es une Arabe, tu as les cheveux d'une Arabe. » Pourtant, ça ne se voit pas vraiment, mes origines. À l'école parfois, des camarades me cherchaient avec ça : « Ton père il est arabe, et toi t'es toute blanche. »

Dans mon village, on avait tous la même maîtresse. Elle faisait cours dans la même salle aux maternelles comme aux CM2. On suivait vaguement le programme. Nous en étions aux additions quand mes cousins en ville en étaient aux multiplications. Ma mère s'en inquiétait. Elle m'a retirée de l'école pour m'inscrire à Saint-Laurent-de-Neste, 15 kilomètres plus loin. Tout le village nous en voulait, parce que l'école risquait de fermer si elle passait un jour en dessous de treize élèves. Et on était quinze… Du jour au lendemain, tous les enfants du village ont cessé de me parler, même ma meilleure amie. Et quand je suis arrivée à Saint-Laurent-de-Neste, j'étais l'étrangère !

Là-bas aussi, ils se connaissent tous depuis la maternelle. J'ai mis du temps à me faire accepter. C'est là que les remarques sur mon père « l'Arabe » ont vraiment commencé. Je me suis rapprochée d'une autre élève qui se faisait chambrer elle aussi, parce qu'elle était la fille de la maîtresse et donc la « chouchoute ». Comme elle, je me suis mise à bien travailler. J'aimais ça et j'ai rattrapé le niveau. Ma mère voulait absolument que je passe un bac général. Elle travaillait comme femme de ménage, mon père comme peintre sur des chantiers, ils voulaient que je fasse de longues études. Mais ce n'était pas pour moi. Je me suis tournée vers un bac pro. Je voulais gagner ma vie. Au début, j'ai commencé par faire des ménages avec ma mère, puis j'ai travaillé comme commerciale à Saint-Gaudens. Là, c'était la belle vie. Des copines, des amis, des sorties tous les soirs. Et puis j'ai rencontré Thierry. On a fondé une famille. Comme on ne peut pas mettre les deux branches de ma famille autour d'une même table, on les a invités à tour de rôle. Mes grands-parents algériens sont venus à notre mariage. On avait prévu des plats halal pour eux. Mes grands-parents français sont venus au baptême de nos deux enfants. Au fond, j'ai toujours rêvé de les réunir. Ça peut paraître idiot, mais c'est peut-être un peu pour ça que j'ai cru au Front national...

THIERRY

Les gens sourient quand je dis que je suis entré au Front national parce que j'admire Nelson Mandela. Pourtant, c'est vrai. Mandela a toujours été mon modèle, bien avant Marine Le Pen. Je suis né à Saint-Gaudens, en Midi-Pyrénées, mais j'ai passé une grande partie de mon enfance en Afrique. Au Cameroun et surtout au Gabon, où mon père avait une petite entreprise d'export en bois tropicaux. Il venait d'une famille d'agriculteurs, mais il a toujours été aventurier et désireux de s'expatrier. Après un premier voyage en Afrique à l'âge de dix-sept ans, il fait toutes sortes de petits boulots comme agent forestier ou chasseur de crocodile, avant de suivre une formation de réceptionnaire en bois tropicaux. Il a rencontré ma mère à Port-Gentil, qui vivait là avec ses parents.

Mon grand-père maternel venait d'être recruté comme mécanicien diéséliste par Elf Gabon. C'est un homme bon, qui adore de Gaulle et qui a toujours détesté l'extrême droite. À table, quand j'étais petit, il ne fallait surtout pas lui parler de Jean-Marie Le Pen : « Vous n'en avez pas eu assez des nazis pendant la guerre ! » Il serait sans doute devenu socialiste si des socialistes n'avaient pas dénoncé d'autres résistants autour de lui. Il est fier de raconter qu'un jour, ma grand-mère a réussi à cacher des armes pour des résistants à la barbe des Allemands, dans une botte de foin.

Quand mon père a demandé la main de leur fille, il avait vingt-deux ans et elle seize. Mon frère aîné est né l'année suivante ! Il a grandi en forêt équatoriale. Bien que très jeune, mon père a été choisi pour diriger une exploitation de bois coupée du monde au bord du fleuve Nyanga, en plein océan Atlantique, où des cargos venaient charger. L'exploitation était ravitaillée par un petit avion desservant la brousse. Bien qu'encore plus jeune, ma mère savait tout faire. Tenir la maison, soigner le personnel et leurs familles, tout ce qu'il faut pour vivre en autarcie en pleine brousse, notamment faire l'école à mon frère. Je suis venu au monde six ans plus tard.

À la maison, on parlait politique. Mon père était gaulliste, comme les parents de ma mère, avec qui il s'entendait très bien; et lui aussi détestait l'extrême droite. J'ai grandi dans une famille de droite qui respecte les Africains. Pas comme certains expatriés que je croisais et qui avaient gardé une mentalité coloniale. Mes parents m'ont toujours appris le respect et la valeur humaine, quels que soient sa couleur de peau, son statut social ou sa religion. Cet amour et cette éducation m'ont beaucoup apporté. J'allais dans une école mixte et non pas franco-française. Mes meilleurs amis étaient gabonais. On m'appelait « l'Africain blanc ». Quel choc quand je suis arrivé en France à l'âge de dix ans ! Tous les élèves étaient blancs ! C'est peut-être là que j'ai compris que je l'étais aussi. Avant, je ne voyais pas la différence. Je suis resté africain dans ma tête. J'allais toujours vers les enfants noirs pour m'en faire des copains. Éperdument amoureux de l'Afrique, je ne rêvais que de repartir et je suis reparti. Grâce à un CAP d'affûteur-scieur et des formations, je peux reconnaître les essences de bois et les certifier. On m'appelait aussi pour expertiser des litiges commerciaux. Des contrats de quelques mois qui m'ont conduit en Corse, au Portugal, en Guyane, en Centrafrique, au Gabon et au Congo-Brazzaville en tant que responsable de scierie. Surtout au Congo, où je devais redresser des scieries qui allaient mal, généralement à cause des mauvaises conditions de travail et de la mentalité coloniale. Un savoir-faire que j'ai appris en travaillant pour un groupe allemand de gestion en ressources humaines.

J'avais trente-quatre ans quand le patron d'une scierie au Congo m'a appelé au secours. Son contremaître venait de se faire chasser à coups de machette par les bûcherons. Personne ne voulait y aller. C'était en pleine forêt équatoriale. Il disait qu'il n'y avait que des « sauvages », tout le temps en grève. Sur place, je me suis rendu compte que l'essentiel des problèmes venait du fait que les responsables de l'exploitation étaient racistes et les traitaient très mal. J'ai commencé à proposer des réformes. Par exemple, j'avais remarqué que les femmes des employés faisaient des kilomètres à pied pour porter du manioc, alors que nos camions repartaient à vide. J'ai demandé qu'on les transporte. La scierie brûlait aussi des tonnes de déchets de bois, alors que c'est une richesse en Afrique. J'ai exigé qu'on appelle les responsables des syndicats et qu'on les distribue aux travailleurs. Au village, beaucoup d'enfants étaient malades, à cause de faux médicaments trafiqués venant du Nigeria. J'ai monté une sorte de sécurité sociale pour pouvoir en faire venir de France. Les familles des travailleurs allaient mieux, eux aussi. La confiance revenait. Un jour, je suis allé voir les pygmées pour leur demander de trouver une source. Grâce à un château d'eau et une pompe, on avait enfin de l'eau pour tous. Qu'est-ce que je me suis fait engueuler ! Le patron trouvait que je dépensais trop, pour rien. Sauf qu'en un mois le travail a repris. Ils travaillaient même en 3-8. Le bois partait de nouveau pour Brazzaville le long du fleuve.

En fait de « sauvages », j'ai découvert des gens formidables. On jouait au foot ensemble. Les enfants du village m'appelaient « Moundélé ! Moundélé ! » (le Blanc).

J'ai fait venir une parabole pour qu'on regarde la Coupe d'Afrique tous ensemble. À l'époque, il y avait la guerre au Congo et en Centrafrique. Des rebelles terrorisaient déjà Bangui et le couvre-feu régnait. Quand je devais aller en ville pour faire les courses pour la société, j'enjambais les morts. On les laissait au sol, ça me choquait. Ça, pour le coup, c'était « sauvage »…

À l'exploitation, je ne supportais pas le discours des expatriés sur les autochtones. Martin, un comptable venu de France, n'arrêtait pas de faire des commentaires racistes, sur les Noirs et les pygmées. Il se moquait d'eux, de leur petite taille, tout le temps, ça m'agaçait. Un jour, il a voulu faire le beau et aller voir les animaux sauvages en forêt. Je lui ai dit : « OK, mais notre meilleur guide, ce sera Marcel, un guide pygmée. » Il n'en revenait pas : « Lui, si petit, il peut nous guider ?! » On s'enfonçait dans la jungle lorsqu'on a croisé un troupeau de buffles. Plus petits que ceux de la savane, mais très dangereux. S'ils vous voient, ils vous foncent dessus. On n'a que quelques secondes pour s'abriter, si possible en haut d'un arbre ou entre le tronc et les branches qui retombent en feuillages. Marcel a disparu en un éclair et moi je me suis réfugié dans un tronc d'arbre, mais Martin s'est figé de peur, incapable de bouger. Par miracle, les buffles sont passés en courant de chaque côté, sans le renverser. Quand on l'a retrouvé, il s'était pissé dessus et criait « Marcel! Marcel! Marcel! », sans discontinuer. Depuis, ils sont devenus inséparables, des amis pour la vie. Pour moi, c'est la preuve qu'on peut être raciste et changer.

Moi-même, j'ai fait des rencontres que je n'oublierai jamais. L'exploitation avait mis à mon service un cuisinier centrafricain. Ça me gênait qu'il me serve. Souvent, on dînait ensemble et on parlait. C'était un opposant politique. Il avait dû quitter la Centrafrique du jour au lendemain pour se cacher à l'exploitation, en laissant sa femme dans son pays. Il n'avait aucun moyen de la retrouver. Les passeurs demandaient des sommes folles pour franchir tous les « checkpoints ». J'ai demandé discrètement à l'un d'eux combien ça coûterait. 600 000 francs CFA, l'équivalent d'un mois de mon salaire africain. J'ai payé et je lui ai fait la surprise. Quand il est entré un soir à la maison, à l'exploitation, ses enfants et sa femme étaient là. On lui a trouvé un travail et ils ont pu vivre en famille à la scierie.

Ce fut mon dernier contrat en Afrique. En quelques mois, les Chinois ont racheté toutes les exploitations forestières des environs. Sans ménager les sols. On a souvent dit que les Français exploitaient le bois africain, mais du temps des Français, on ne coupait que 30 essences sur 1 500. On avait signé des accords pour replanter quand une essence s'épuisait. À l'époque, la forêt augmentait ! La Chine, elle, a tout coupé. En faisant venir sa propre main-d'œuvre et même des prostituées de Chine pour les travailleurs ! La Chine-Afrique, c'est pire que la France-Afrique. Ils disent que c'est du « gagnant-gagnant », mais c'est de la colonisation sans mélange, ni respect. Le pire de la mondialisation.

Je suis rentré en France en 2006, j'étais écœuré et bien obligé de me reconvertir. Heureusement, j'avais un plan B. Au service militaire, j'avais fait quelques mois de plus pour passer un permis poids lourds. À mon retour à Saint-Gaudens, je suis devenu chauffeur routier. J'ai tout fait. Du frigo, du plateau, de la benne. J'ai vécu quelques années avec la mère de mon fils, qui a treize ans aujourd'hui, puis en colocation avec un ami. C'est là que j'ai rencontré Nadia.

Nadia

Je connaissais son colocataire. On avait fait la fête très tard avec d'autres amis, on avait bu et j'étais restée dormir sur place pour ne pas conduire. Quand je me suis levée, je ne savais pas qu'il y avait des colocataires et je suis tombée sur Thierry dans la cuisine. Il était très sportif, il faisait du rugby et il avait l'habitude de courir tous les matins. Je me suis dit « c'est quoi ce fou » !

THIERRY

Et moi que c'était la femme de ma vie ! J'ai épousé Nadia, son histoire, et nous nous sommes installés dans une petite maison à Villeneuve-de-Rivière, près de Saint-Gaudens. Il a fallu plusieurs déclics avant de militer au FN. Je me cherchais politiquement. J'étais sympathisant RPR parce que mes parents étaient de droite et gaullistes et qu'on sortait de quatorze ans de mitterrandisme. Comme beaucoup de jeunes, j'en avais marre et je votais Chirac. J'ai même assisté à un meeting ou deux et collé des affiches pour lui pendant la présidentielle de 1995 contre Jospin. Mon père connaissait quelqu'un au RPR et j'avais du temps à perdre. Ensuite, je me suis mis à admirer Sarkozy. Un homme qui est capable de rentrer dans une maternelle face à un preneur d'otages, comme il l'a fait à Neuilly, c'est impressionnant. Et puis, j'ai beaucoup aimé l'émission de France 2 où il a remis à sa place à la fois Jean-Marie Le Pen et Tariq Ramadan, les deux dangers en même temps[1]. C'était courageux. L'extrême droite et les intégristes, c'est la même chose, des fascistes ! Ce Ramadan, on voit bien qu'il fait semblant d'être laïque mais qu'il ne l'est pas vraiment. Je suis très attaché à la laïcité, contre le voile intégral et les communautés qui divisent les Français. Beaucoup de mes amis se disent de plus en plus algériens et de moins en moins français. Moi je suis comme Mandela, pour une nation qui rassemble. Pour le respect de la laïcité et ne pas laisser faire une poignée d'intégristes, qu'ils soient musulmans ou catholiques.

---

1. « 100 minutes pour convaincre », France 2, 20 novembre 2003.

Je me souviens d'une émission sur des intégristes catholiques à Bordeaux qui m'a choqué. On y voyait des enfants endoctrinés dans une école privée. On leur apprend à haïr le général de Gaulle et à louer Pétain[1] ! Je pense que la religion doit rester privée et ne pas mordre sur l'espace public. C'est pour ça que je suis contre le voile intégral dans la rue et pour qu'on n'impose pas le halal dans les cantines. Un jour, mon fils est rentré tout contrarié de l'école. Il avait dix ans. La cantine avait fait des hamburgers halal pour les élèves musulmans et des saucisses pour les autres… Et bien sûr, mon fils, comme tous les gamins de son âge, aurait préféré un hamburger. Quand il a demandé à en avoir, on lui a expliqué qu'il n'était pas musulman et on lui a servi de la saucisse. Pourquoi diviser les enfants comme ça ?

---

1. *À l'extrême droite du Père*, Mathieu Maye et Rémi Langeux, « Les Infiltrés », France 2, 27 avril 2010.

Les prières de rue, par exemple, ça me choque. Un ami chauffeur routier m'a raconté avoir été bloqué une heure sur le parking d'un centre commercial à Toulouse parce que des musulmans priaient dans la rue. Le service d'ordre de la mosquée avait des gilets jaunes et arrêtait la circulation! Mon collègue était furieux. On en a parlé entre collègues. Les quatre chauffeurs musulmans qui travaillaient avec nous étaient choqués aussi. Ils ne trouvaient pas ça normal. L'un d'eux m'a expliqué que c'était de la « provocation » de la part des intégristes, qu'on avait parfaitement le droit de prier chez soi et pas dans un lieu public. Le voile aussi, il m'a dit que cela n'avait rien d'obligatoire, surtout le voile intégral, une coutume venue d'Arabie Saoudite. Pourtant, il est musulman à 100 %, mais il respecte la laïcité et il veut être enterré en France. Ce sont des gens comme lui que les extrémistes empoisonnent en premier. Les musulmans sont les premières victimes de l'intégrisme.

Sarkozy, comme ministre de l'Intérieur, il disait les choses. Quand il voulait nettoyer les banlieues au Kärcher, ce n'était pas raciste. Ça voulait dire qu'il ne laisserait pas une minorité fiche le bazar. On l'a bien vu au moment des émeutes de novembre 2005, il y a un problème en banlieue. Eric, le parrain de mon fils, est ivoirien et musulman. Avant de travailler comme routier dans le Sud-Ouest, il vivait dans une cité près de Paris, à Clichy-sous-Bois. C'est lui qui m'a raconté ce qui se passe là-bas. Des caïds qui terrorisent les gens, les obligent à cacher de la drogue dans les appartements. Et puis, le viol des femmes, les « tournantes »… Quand Sarkozy dit aux policiers qu'ils feraient mieux d'arrêter les délinquants plutôt que de jouer au football, j'approuve. On s'occupe trop souvent des coupables et pas assez des victimes. La justice est trop laxiste, par exemple avec les pédophiles. Je me demande parfois s'il ne faudrait pas rétablir la peine de mort. Au moins faire un référendum.

Je crois beaucoup aux référendums, c'est mon côté gaulliste. Sur des sujets aussi importants, que ce soit la peine de mort, le mariage pour tous ou l'Europe, ça ne peut pas être seulement les députés qui décident. Il faut que le peuple soit consulté directement. En Suisse, par exemple, ils font souvent des référendums. Les gens sont responsables, ils ont voté pour réduire leurs congés pour soutenir l'économie… En France, le mode de scrutin n'est pas assez démocratique. Il faudrait plus de proportionnelle. Là-dessus, je suis d'accord avec Marine Le Pen, plus qu'avec le général de Gaulle. Pour le reste, je me suis rendu compte qu'elle disait beaucoup de choses que Sarkozy disait avant elle. Mais Sarkozy m'a vraiment déçu. Pas sur tout : le crédit d'impôt pour favoriser l'écologie (ça nous a permis d'acheter un poêle à bois), les heures supplémentaires (dans mon travail, c'est important pour gagner plus). J'étais aussi d'accord avec lui quand il voulait favoriser le co-développement. Pour moi, le problème de l'immigration vient de là. Il faut arrêter la France-Afrique et aider les pays du Sud à se développer. En revanche, le « discours de Dakar », où Sarkozy a dit que l'homme africain n'était pas entré dans l'Histoire, m'a beaucoup déplu. C'est la colonisation qui a empêché l'Afrique de rentrer dans l'Histoire. Si la France est aussi développée aujourd'hui, c'est en partie grâce à l'Afrique. Sarkozy, lui, n'a fait que diviser les Français. Et puis, je n'étais pas d'accord avec lui sur l'Europe. Le traité qu'il a imposé au peuple, à nous le peuple, j'ai voté contre. Je suis contre l'Europe… Enfin, pas contre l'Europe mais contre cette Europe-là, qui favorise la mondialisation. Je suis contre la mondialisation. Dans mon métier, j'en vois tous les jours les effets.

Quand j'ai commencé comme routier, il y avait beaucoup de solidarité entre les chauffeurs. S'il l'un crevait, un autre s'arrêtait pour l'aider à changer sa roue. Aujourd'hui, on se fait siphonner de l'essence par des chauffeurs polonais… Ce n'est pas de leur faute. Leurs patrons les paient si peu qu'ils doivent voler l'essence des autres pour pouvoir rentrer. À l'Est, les conditions de travail sont terribles. Ils sont payés trois fois moins que nous. Du coup, ils volent pour s'en sortir. L'essence, ou même la cuvette des toilettes dans les restaurants routiers. Le soir, on doit bien fermer nos camions, parce que les vols de marchandise ont empiré. Les cambrioleurs utilisent du gaz pour endormir les chauffeurs. Il y a un gaz qui vous paralyse totalement mais vous laisse conscient. Vous voyez tout, mais vous ne pouvez pas bouger. Il y en a un autre, beaucoup plus violent, qui vous plonge dans un sommeil profond et vous laisse des séquelles. Je n'aime pas cette Europe-là. J'aimerais une Europe où chacun serait souverain et où tous les pays européens seraient égaux.

Sur tout ça, Sarkozy m'a déçu. En 2012, j'ai quand même voté pour lui au deuxième tour. Mais au premier tour, j'avais voté Marine Le Pen. J'ai aimé son discours pendant la campagne. Elle disait qu'elle voulait rassembler les Français, alors que la gauche et la droite les divisent. Elle disait qu'elle était pour la laïcité, contre les communautarismes. Elle a même cité le général de Gaulle pour l'Europe qu'il a préconisée contre celle de maintenant ! Je n'aurais jamais voté pour son père, mais elle, elle voulait changer le Front national en Front des patriotes. Elle est contre le « système ». Jean-Luc Mélenchon parle bien, mais pour moi, c'est l'extrême gauche, les communistes, l'URSS, des millions de morts. Sa VIᵉ République, ce n'est jamais qu'une astuce pour ériger un nouveau régime totalitaire. Je n'aime pas les extrêmes. Et puis, il vient du système. Marine Le Pen lui a bien dit un jour sur un plateau de télévision : « Vous n'êtes pas neuf. Vous avez été ministre, sénateur… Vous êtes responsable de la perte de milliers d'emplois. »

En 2011, je suis allé voir son programme. Beaucoup de choses m'ont séduit. Le recours au référendum, la proportionnelle, rendre le pouvoir au peuple, y compris dans les tribunaux avec les jurés populaires. Réduire les salaires des politiciens et revenir au septennat. Marine Le Pen explique qu'elle ne fera qu'un mandat pour ne pas faire comme les autres politiques, qui ne font rien pendant leur premier mandat par peur de ne pas être réélu. Elle disait qu'elle allait agir tout de suite et faire des réformes. Ça m'a plu. Pendant la campagne présidentielle, je suis allé la voir en meeting à Toulouse. Il y avait des drapeaux français, de l'ambiance, elle parlait bien. En sortant, elle m'a dédicacé mon drapeau. À cette époque, j'avais déjà pris ma carte au FN.

Mon adhésion doit remonter à avril 2011, un an environ avant la présidentielle.

Comme j'aimais de plus en plus ce que Marine Le Pen disait à la télévision, j'ai regardé sur Internet pour trouver le secrétaire départemental FN de Haute-Garonne : Serge Laroze. Au téléphone, je lui explique que je suis un ancien sympathisant RPR, que Sarkozy m'a déçu, et que je veux adhérer. Il me dit qu'une responsable du Front habite dans le même village que moi, à Villeneuve-de-Rivière. On ne peut pas dire qu'elle faisait du prosélytisme. Elle ne répondait jamais au téléphone. J'ai bien dû passer huit fois chez elle avant qu'elle daigne m'ouvrir ! C'était sur mon chemin. Chaque fois que je rentrais du travail, je frappais à sa porte, mais rien. Un jour, enfin, je la rencontre. Une vieille dame d'origine russe, avec un nom polonais. Je lui explique que ma femme est d'origine algérienne, que je n'aurais jamais adhéré au FN sous Jean-Marie Le Pen, que j'aimerais aider… Elle m'a rassuré sur le fait qu'il n'y avait pas de racistes au FN, m'a fait payer 50 euros pour l'adhésion et m'a dit qu'elle appellerait pour faire des collages. Cinq à sept fois par mois, parfois en rentrant du travail, tous les soirs du week-end, je partais avec mon seau pour coller des affiches. Tout seul. Ça a commencé à créer des tensions avec Nadia.

NADIA

On se disputait souvent à cette période. J'ai même menacé de le quitter. Je venais d'accoucher. Thierry passait toute la semaine à conduire, je ne le voyais jamais, et le week-end il collait! En plus, pour le Front national! Ça ne me plaisait pas du tout. Je lui ai dit : « D'accord, il y a des problèmes, mais ce n'est pas une raison pour aller au FN, chez les fachos. » Je me souviens encore de ma tête en 2002, quand Jean-Marie Le Pen est arrivé au second tour… J'avais quinze ans et on était tous terrifiés. Je pensais que ma famille allait être expulsée, comme dans le sketch de Jamel

Debbouze : « On va tous mourir ! » Au lycée, ma professeur d'espagnol riait jaune : « Moi c'est bon j'ai aussi une carte d'identité espagnole, je peux m'en sortir, mais toi ou toi, avec ton nom, c'est pas gagné, tous dans la pirogue… » Puis j'ai participé à des manifestations contre le CPE et j'ai fréquenté les rassemblements de la CGT. Avec des amis, on est allés marcher contre le FN. C'est fou quand on y pense, d'être capable de manifester contre le père puis de militer pour la fille… Mais Marine arrive à faire les deux : prendre la suite et vous faire croire qu'elle est totalement différente.

Thierry n'arrêtait pas de me dire : « Marine, c'est autre chose. » Je lui répondais : « Quand même, c'est la fille à son père ! » En plus, le FN l'exploitait. La dame de Villeneuve habitait à côté de chez nous, mais ne nous a jamais invités, juste pour boire un verre et faire connaissance. Thierry passait prendre les affiches et partait coller tout seul. Un jour, il a surpris une réunion avec d'autres militants, cinq ou six membres de la section… À laquelle il n'avait pas été invité. Lui ne voyait jamais personne. On s'en servait juste pour faire le larbin. Je lui disais : « Ils t'utilisent et ils font leurs réunions de fachos entre eux. Ils ne te disent pas tout. »

Politiquement, j'étais perdue. En 2007, j'ai voté blanc. J'aimais bien Ségolène Royal, j'avais envie de voter pour une femme, elle disait des choses qui me plaisaient sur le social, mais lors du débat de l'entre-deux-tours face à Sarkozy, j'ai vu qu'elle ne tenait pas la route. Cette histoire de faire raccompagner les femmes policières chez elles, c'était ridicule… Sarkozy l'a démontée. Mais cinq ans plus tard, les problèmes étaient toujours là, en pire. Sarkozy a fait beaucoup pour les riches, mais pour les pauvres ? Hollande, quand il parle, je n'arrive pas à tenir jusqu'au bout. Il est monotone, je ne comprends pas tout, je bâille. Et puis, je n'approuve pas les emplois aidés.

C'est à cause de ça que j'ai perdu mon boulot. Je travaillais comme fonctionnaire pour la région Midi-Pyrénées, qui est à gauche. On distribuait des repas aux personnes âgées et isolées de plusieurs communes. J'aimais ça. Le contact, rendre service. Mais j'étais en contrat à durée déterminée. Un jour, on m'a demandé de former une autre femme. J'ai appris qu'elle allait me remplacer. Elle venait d'être embauchée en « contrat aidé », ceux auxquels on a droit après deux ans de chômage. On me licenciait pour embaucher une chômeuse !

Comme je ne retrouvais pas de travail, on en a profité pour faire nos enfants. Mais c'était dur; passer d'un métier où l'on est en contact avec les gens à cette vie, seule, à la maison, entre deux couches et deux biberons. Thierry n'était jamais là. J'avais besoin de le voir et de prendre l'air. C'est peut-être pour ça que j'ai accepté, quand il m'a proposé d'aller un soir à une galette des rois du FN. Par curiosité, pour être avec lui et surtout pour sortir. On venait d'emménager à Toulouse, toujours en Midi-Pyrénées. C'était la réunion des adhérents. Il devait y avoir cent à deux cents personnes. Je me demandais s'il y aurait des crânes rasés, mais non… Surtout des vieux bourgeois. On a dû payer 15 ou 20 euros par personne pour manger un bout de frangipane, dans un restaurant pas terrible, tenu par un militant du FN, qui était aussi le trésorier. J'ai trouvé ça limite. À la sortie, des jeunes brandissant des drapeaux français nous demandent de donner de l'argent dans une boîte « pour le FN31 ». Thierry avait déjà glissé une pièce. J'ai dit : « Non merci, mon mari a déjà donné. » Le jeune m'a répondu : « Ils disent tous ça ! » J'avais l'impression d'être rackettée.

Thierry continuait à me parler de Marine Le Pen, à me dire qu'elle était différente de son père. Il m'a fait lire *À contre flots*, son autobiographie. Là, j'avoue que j'ai changé de regard sur elle. En découvrant combien elle avait souffert à cause de son nom. Un peu comme moi à l'école. Et puis, c'est une mère. J'ai beaucoup aimé la scène où elle essaie de répondre à une interview enfermée dans les toilettes, pendant que ses petits courent et crient autour d'elle. Elle est humaine. J'aimais bien sa proposition sur le « congé parental », qu'elle veut faire passer de 385 euros par mois à l'équivalent d'un SMIC, tout en valorisant les femmes qui élèvent leurs enfants. Je ne sais pas où elle trouvera l'argent, mais sur le moment ça m'a paru séduisant...

Jean-Luc Mélenchon, il parle bien. Mais quand même, les communistes, c'est la Corée du Nord, les camps de travail forcé... Ceci dit, quand je l'ai vu à « Des paroles et des actes » face à Marine Le Pen, je l'ai trouvé humain et Marine Le Pen hautaine. Ce n'est pas parce que Mélenchon ne fait que 11 % d'intentions de vote qu'elle doit refuser de lui parler comme elle l'a fait. En revanche, je trouvais injuste qu'on la traite de facho sans arrêt, qu'on lui reparle tout le temps de la Shoah, alors qu'elle est différente de son père sur ces sujets.

Comme Thierry, j'ai voté pour elle au premier tour à la présidentielle de 2012. On venait de vivre l'affaire Merah à Toulouse. C'était terriblement angoissant. Tous ces jours où le tueur était en liberté, à ne pas savoir si on allait le croiser, s'il n'allait pas s'en prendre à nos enfants. J'ai trouvé choquant qu'on protège uniquement les écoles juives… On ne savait pas encore s'il en voulait aux Juifs, aux musulmans ou à tout le monde. Des journalistes pointaient du doigt l'extrême droite. Alors qu'il s'agissait en fait d'un islamiste ! Une autre chose m'a choquée. Des musulmans lui trouvaient des circonstances atténuantes. Certes, Merah a vécu aux Izards, une cité difficile, mais il y en a d'autres qui grandissent dans des quartiers pas faciles… Ça ne donne pas le droit de tuer des enfants juifs et des militaires musulmans !

THIERRY

L'affaire Merah, j'étais persuadé que c'était un complot. Quand même, juste avant la présidentielle… Et puis, je lisais sur Internet qu'un témoin à Montauban avait vu le tueur. Il aurait relevé la visière de son casque, et on aurait vu ses yeux bleus. Après, j'ai compris que c'était vraiment un terroriste islamiste. Mais sur le moment, j'avais des doutes.

Pareil pour le 11 septembre 2001. J'étais en Afrique mais quand je suis rentré en France, j'ai commencé à me renseigner sur Internet, à m'apercevoir qu'il restait des zones d'ombre. Des architectes disent qu'un avion à lui seul ne peut pas faire tomber les tours, qu'il y avait forcément des explosifs. Je ne sais pas, je ne suis pas technicien. Mais un soir, j'ai vu Bigard en parler à la télévision. Il avait les mêmes doutes. Après tout, Ben Laden travaillait pour la CIA et on n'a jamais vu son corps quand ils l'ont tué…

NADIA

Ce sont les doutes de Thierry. Pour moi, il est clair que c'est Al-Qaïda. Mais un autre événement, plus près de nous, nous a beaucoup marqués. Il a sans doute renforcé notre envie de s'engager au Front national.

THIERRY

C'est arrivé en 2011. La nouvelle société de transport dans laquelle je travaillais m'amenait à faire beaucoup d'allers-retours entre le Sud et l'Ile-de-France. La nuit, je partais de Toulouse pour me rendre en banlieue parisienne. Je dormais dans mon camion la journée puis, vers 17 heures, j'allais dans la salle des chauffeurs, manger un bout et me détendre. La salle n'est pas très grande. 50 mètres carrés, avec quelques sièges et un micro-ondes à se partager. Quand j'entre, je vois que la salle est divisée en deux. Des chauffeurs musulmans avaient tiré un rideau et mis des tapis pour rester entre eux et prier.

Je m'installe de l'autre côté et je regarde la télé sur mon téléphone quand l'un d'eux s'approche. Un grand type, noir, me crie dessus : « Toi le sous-chien, tu m'éteins ça, je vais faire ma prière ! » Je ne connaissais pas cette expression. Je lui réponds : « Déjà, tu me parles pas comme ça. Tu peux faire ta prière si tu veux mais moi je regarde la télé. Je peux baisser si tu veux. » À peine j'ai terminé qu'il me donne une grosse gifle. On a commencé à se battre. Le patron a eu peur et m'a dit : « Allez, file dans ton camion. »

À mon retour, j'en parle à Nadia bien sûr mais aussi à Serge Laroze, le secrétaire départemental du Front. Il me dit que des cas comme celui-là arrivent tout le temps. À l'école, on a dit à une fille de faire atten-tion parce que sa jupe courte pouvait cho-quer certaines communautés… C'est fou quand même.

Je ne voulais plus monter sur Paris. On traversait toutes les banlieues sen-sibles. Un jour que j'étais dans le camion à Garges-lès-Gonesse, j'ai vu un gars courir après un autre avec un pistolet. J'ai tiré le rideau. À Roissy, le parrain de mon fils, Éric, a carrément dû se battre. On doit tous faire la queue mais il y a un chauffeur, un petit caïd d'origine maghrébine, qui terrorise tout le monde et passe toujours devant les autres. Éric est un garçon calme. Mais là, il était fatigué et il n'a pas laissé passer. Le caïd a pris une barre de fer pour l'intimider. Éric s'est défendu et l'a frappé. Comme c'est un ancien champion de boxe, il l'a allongé. Il y avait du sang partout et comme Roissy est sous surveillance vidéo, il a été filmé et viré. Le caïd a même porté plainte pour « racisme »! Ça m'a écœuré. Éric, c'est le meilleur chauffeur de toute la région, tout le monde le sait. Entre cette affaire et d'autres choses, moins graves, je suis allé voir mon patron et j'ai démissionné; en lui disant: « Je n'ai plus envie de travailler pour vous, vous ne protégez pas vos chauffeurs. »

Éric a facilement retrouvé un emploi ailleurs, moi aussi, mais j'ai dû m'arrêter à la suite d'un accident. Idiot. Sans doute parce que j'étais épuisé, à cause du rythme de mon travail de nuit. Le 27 août 2012, j'ai raté une marche en montant sur le camion et je suis tombé d'assez haut. On a diagnostiqué une fissure méniscale au genou, mais j'avais aussi très mal à l'épaule. Après plusieurs opérations et malgré un traitement médical assez lourd, on s'est aperçu que j'avais une maladie assez rare, l'algodystrophie, qui peut être provoquée par un choc et qu'on ne sait pas soigner. C'est très douloureux. J'ai pris tellement de cachets pour supporter la douleur que je me suis intoxiqué. Depuis, je suis en arrêt maladie. Le militantisme m'a aidé à me changer les idées. Je me suis investi au sein de la section. Le numéro deux de la fédération, qui était alors Guy Jovelin, était si content de mon travail qu'il m'a proposé d'être tête de liste aux municipales. Il cherchait quelqu'un pour sa circonscription, la 5ᵉ, où il a représenté le Front aux législatives. Je lui ai suggéré de présenter plutôt Nadia. Elle est commerciale, elle parle mieux que moi.

NADIA

L'idée m'a plu. M'investir dans une campagne, être tête de liste, aider les citoyens, sortir de la maison et des couches, être à nouveau en relation avec des gens. Mais j'avais toujours des hésitations à cause de l'étiquette FN. Le discours de Marine Le Pen me semblait de plus en plus raisonnable. Thierry a acheté le livre de Jean-François Copé sur le « racisme antiblanc », où il dénonce les agressions contre ceux qui veulent manger des pains au chocolat pendant le ramadan. Ça m'a fait réfléchir. La gauche disait que ça n'existait pas mais je sais que ça existe. Surtout après ce qui est arrivé à Thierry sur Paris… Copé a raison d'en parler, mais Marine en parlait mieux.

Je suis allée l'écouter en vrai, pour la première fois, le 14 avril 2013 à Toulouse.

Elle venait pour un déjeuner-débat au Chalet des moissons. Une sorte de bar-restaurant un peu kitsch, très « western », situé dans une zone industrielle de Toulouse. En faisant la queue, on a vu des jeunes de l'Œuvre française, avec un drapeau en forme de croix celtique, qui criaient « la France aux Français ! ». Ils avaient l'air très radicaux. Un responsable de la sécurité du Front s'est approché et leur a gentiment demandé de partir : « Les gars, ne restez pas là. Vous alimentez les journalistes. » Ils ont replié leur drapeau et ils sont partis. À l'intérieur, les tables étaient décorées aux couleurs du FN, avec des pin's comme « La France aux Français » et ceux qui clignotent : « J'aime Marine. » On est venus avec un voisin, également FN, et un collègue routier, anciennement sarkozyste. Il venait d'adhérer au Front grâce à Thierry. En tout, il devait y avoir quatre cents personnes. Marine Le Pen est arrivée en musique. Elle a fait un très bon discours. Antisystème, social, proche du peuple. À la fin, chaque table pouvait écrire des questions sur des papiers, tirés au sort. Comme ils n'ont pas mélangé, presque toutes les questions de notre table ont été lues. Moi, j'avais demandé : « Si vous êtes élue, est-ce que vous interdirez les rayons halal dans les supermarchés ? » Marine a répondu que si elle arrivait au pouvoir, il n'y aurait pas besoin de les interdire, qu'ils allaient diminuer d'eux-mêmes…

THIERRY

Moi j'ai demandé : « Pourquoi pas une alliance avec Dupont-Aignan ? » Je l'aimais bien. Marine Le Pen s'est moqué de lui, en décrivant un opportuniste, mégalo, qui se prenait pour de Gaulle. En parlant du Général, elle a dit : « Je sais ce que vous en pensez, les médias en parlent tout le temps,

mais ce n'est pas ce que vous croyez… »
Je l'ai mal vécu. À la télé, Marine Le Pen
se revendique comme étant gaulliste, et là,
clairement, elle le méprisait. Ça m'a choqué. Mais le reste du discours m'a séduit.
Même si j'ai remarqué qu'elle ne parlait
plus de « rassembler les Français » comme
à la télé… Après le débat, elle est allée
s'asseoir à table pour manger. En coulisses, ça s'agitait. Quelqu'un avait mis un
militant particulièrement excité à sa table.
Tout le monde sait qu'il est fou furieux
mais on le laisse surveiller les bureaux de
vote pour le parti. Souvent, il colle des
affiches de Marine Le Pen n'importe où,
sur les rocades d'autoroutes, en prenant
des risques inouïs. Toutes ses affiches s'en-
volent. Il pourrait y avoir des accidents.
Mais surtout, il ne se gêne pas pour dire
tout haut ce qu'il pense des Arabes. Discrètement, les organisateurs l'ont fait changer de table et l'ont remplacé par la femme
d'un gendarme qui venait de rejoindre le

Rassemblement Bleu Marine. Un modéré. C'était mieux. Par contre, toujours à la table de Marine Le Pen, il y avait plusieurs responsables du FNJ (Front national de la Jeunesse) de la branche dure, de ceux qui tiennent des propos racistes en aparté…

À la sortie, j'ai croisé Marine, qui m'a dédicacé son autobiographie. Elle était souriante, accessible mais pressée. Elle avait peur de rater son avion.

NADIA

On a su plus tard que le militant chargé de l'accompagner s'était trompé et l'avait amenée une heure et demie en avance à l'aéroport. Elle était furieuse. Mais du coup, ils ont pu parler un peu avec elle. D'après ce qu'ils m'ont répété, elle reconnaît elle-même que ses promesses ne sont pas tenables, qu'elle vend du rêve, qu'on ne pourra jamais reconduire tous les immigrés à la frontière, sur le mode « démographiquement c'est sans doute déjà trop tard »… Mais sur le moment, pendant le déjeuner-débat, son discours m'a vraiment convaincue que le FN n'était pas ce qu'on en disait. J'ai eu envie de m'y investir pour aider mes concitoyens.

Guy Jovelin m'a appelée deux jours plus tard pour me demander si je voulais être tête de liste. Ils avaient vraiment du mal à trouver des gens. Je lui ai demandé quelle était la marche à suivre. Il m'a répondu : « C'est très simple. On a juste besoin de quelques lignes sur ton parcours et la preuve que tu n'as pas de casier. » Plus rapide qu'un CV ! Je m'inquiétais de savoir s'il faudrait débourser de l'argent, je lui ai rappelé que nous avions peu de moyens, il m'a dit que tout serait pris en charge. Le dossier est parti à Nanterre. Un mois plus tard, quand ma candidature a été validée, j'ai reçu un contrat du FN par lequel je m'engageais à ne jamais faire d'alliance sans l'accord du parti et à respecter les directives qu'ils m'envoyaient.

Cela devenait officiel. Il a fallu que j'en parle à mes parents. Pas facile. À la maison, quand j'étais petite, on parlait peu de politique mais je me souviens d'avoir vu traîner des badges de SOS Racisme : « Touche pas à mon pote ! » Quand je leur ai annoncé que j'allais représenter le FN, ç'a été un choc pour eux. Ils ne comprenaient pas et en même temps ils se sont dit : « On ne peut rien faire, c'est son choix, il faut la laisser aller jusqu'au bout. Elle finira bien par comprendre qu'elle se trompe. » Moi, j'étais persuadée qu'ils se trompaient. Le FN et l'extrême droite, ce n'était plus la même chose.

L'extrême droite, dans ma tête, c'était plutôt des groupuscules comme ceux que je croisais sur Internet. Avant d'avoir une page officielle, j'ai tenu une page Facebook sous pseudo. Ce n'était pas ma photo mais celle d'une actrice. Et comme j'y défendais des idées « nationalistes », j'étais approchée par toutes sortes de militants venant de l'extrême droite pure et dure. Comme un internaute se faisant appeler le « loup » et qui signe « 88 ». Il m'a expliqué que « H » était la huitième lettre de l'alphabet et que c'était un raccourci pour dire « Heil Hitler ». Un autre, militant aux Jeunesses nationalistes, m'a raconté qu'il était contre « l'invasion de l'Arabe et du musulman », et se revendiquait de la devise du maréchal Pétain. Un autre signe « oï » et m'a demandé si je connaissais un groupe néonazi. Quand je lui ai dit : « Je ne savais pas que tu es pour la mort de tes semblables et des Juifs », il m'a répondu : « Non je n'ai rien contre les Juifs ! Je suis islamophobe. La donne a changé, l'ennemi c'est l'islam ! » Il a fini par militer au Renouveau français, chez les royalistes… Ces groupes-là, pour moi, c'était l'extrême droite. Tous votaient FN parce que c'est le seul parti nationaliste capable de réaliser un score important, mais ils trouvent son discours trop mou. En tout cas, celui tenu devant les caméras.

THIERRY

Les passerelles sont plus fines qu'on ne le pense, souvent. J'ai croisé toutes sortes de sympathisants du FN31 grâce à la page Facebook que j'ai ouverte pour soutenir Marine en 2011. Elle réunissait plus de mille personnes. Certains fréquentaient les Jeunesses nationalistes, d'autres les royalistes, d'autres encore le Bloc identitaire ou Solidarité des Français (SDF), un groupe dont j'entendais parler pour la première fois. Je savais qu'ils distribuaient des soupes aux SDF. Je trouvais ça bien. Ce n'est qu'après avoir quitté le Front que j'ai mieux compris de quoi il retournait. La soupe distribuée par les Identitaires est à base de cochon… pour faire fuir les musulmans sans abri. Ils font aussi des actions « saucisson et pinard » contre les prières de rue et défendent ouvertement la préférence ethnique des Blancs ! Mais sur le moment, j'ignorais tout ça !

Lorsqu'un Identitaire de Midi-Pyrénées m'a contacté pour prendre un café, je l'ai trouvé plutôt sympathique. Un gars lisse, qui présente bien. Il m'a expliqué qu'il venait du FNJ mais qu'il préférait militer aux Identitaires, même s'il votait toujours pour le FN. Le Front défend la nation, les Identitaires sont plus pour l'Europe des régions. Ils sont aussi plus radicaux sur l'immigration. « On n'est pas méchants, m'a-t-il dit, mais nous on va raccompagner tous les étrangers chez eux. » Je lui ai répondu que ma femme était d'origine algérienne. Il est passé à autre chose. Je l'ai revu un autre jour avec des gars vraiment louches, en blouson de cuir noir, des genres de punks mais certains avaient le crâne rasé. Là, ils m'ont vraiment fait peur. Leur chef m'a donné un livre à lire, *Sale Blanc!*, écrit par un certain Gérald Pichon. Nadia croyait que c'était sur le racisme anti-blancs, comme le livre de Copé, et l'a lu. Elle l'a trouvé vraiment excessif et dangereux. Pour moi, ces gens ne cadraient pas avec la ligne de Marine. Ça m'a fait bizarre quand notre responsable départemental a voulu joindre « mon contact au Bloc identitaire » pour lui demander d'intégrer sa liste aux municipales. Je trouvais ça étrange. Ils étaient dans la ligne, ou pas?

NADIA

Le 1ᵉʳ mai 2013 approche. Thierry et moi n'avons pas trop envie d'y aller, mais le Front insiste. On nous dit que le bus affrété est à moitié vide, qu'il faut faire plaisir à Marine et impressionner les journalistes. Au dernier moment, on trouve une solution pour faire garder les enfants et on décide de monter sur Paris. Dans le bus, on tombe sur le colleur d'affiches un peu fou. Il est en boucle sur les musulmans et les Arabes et fait des blagues pathétiques: « Combien de temps met une femme arabe pour descendre ses poubelles? Neuf mois! » Il rit. Visiblement, il ne sait pas que je suis arabe… L'ambiance est froide. On est là pour partager des idées, mais personne ne se présente. Arrivés à Paris, on poireaute dans un café avec les responsables du département. Thierry en profite pour poser une nouvelle fois la question sur les Identitaires : « On peut en mettre sur nos listes ou pas ? » Long blanc. Sa question jette un vrai malaise. Un responsable s'approche et lui dit : « C'est la dernière fois qu'on en parle. C'est nos cousins, mais tu n'en parles pas, compris ? »

On rejoint notre carré, avec les drapeaux français et la banderole du département. Un sympathisant qui connaît un militant du 31 vient pour défiler avec nous. Il porte la croix celtique de l'Œuvre française à la ceinture et un drapeau qu'un membre du service d'ordre lui demande de cacher. Il tient le même discours que le chargé de la sécurité à Toulouse : « On est cousins, tu peux défiler, mais cache ton drapeau et ta ceinture pour ne pas faire plaisir aux journaleux. » On récupère nos drapeaux et on commence à marcher. La foule scande : « Ni droite, ni gauche, Front national ! », « Taubira, ta loi on en veut pas ! », « Première, deuxième, troisième génération, nous sommes tous des mangeurs de cochon ! » Elle chante « On est chez nous ». Ça me perturbe. Je m'approche d'un militant qui connaît mes origines. Il me rassure : « C'est par rapport à la racaille, à l'Europe, pas à des gens comme toi. »

Dans le cortège, une vieille dame me raconte qu'elle a longtemps tenu la permanence à Toulouse. Elle me demande si je suis croyante. Je lui réponds que oui. Mes grands-parents maternels sont attachés au catéchisme et moi j'ai la foi. La dame me dit qu'elle milite à Civitas. On parle du mariage pour tous. Thierry était contre à cause du droit d'adopter des enfants… Moi, c'était plutôt l'idée qu'on ne touche pas à une institution aussi importante que le mariage sans consulter le peuple. Je sais bien que c'était dans le programme de Hollande, mais pour moi cela méritait un référendum. La vieille dame de Civitas me dit qu'elle est pied-noir, pour l'Algérie française, et qu'il ne faut pas écouter ce qu'on raconte sur de Gaulle, qu'elle me prêtera un livre où il est écrit que ce n'était pas un vrai général. Thierry est très agacé par son discours.

THIERRY

Elle m'a vraiment énervé, je me suis même éloigné. Une fois à l'Opéra, Marine fait un très beau discours sur « la France est dans les ténèbres », qu'il faut un « vrai chef » pour la relever. Les gens commencent à partir. Bruno Gollnisch descend de l'estrade, mais on ne cherche pas à le voir. Je m'approche plutôt de Florian Philippot, que j'aime bien, pour lui demander un autographe sur mon drapeau français. Je le trouve très accessible. Il n'a pas de stylo mais me dit qu'il peut attendre, le temps que j'en trouve un. Quand je reviens, alors qu'il est en entretien avec un journaliste, il s'interrompt pour me signer l'autographe. J'ai trouvé ça sympa. Marine et Louis Aliot, eux, sont déjà partis manger.

On est déçus de ne pas les avoir vus de près et on se retrouve à quelques-uns, dans une pizzeria. Avec l'ami du type à la ceinture en forme de croix celtique. Il m'explique qu'il est proche de l'Œuvre française, mais qu'il vote FN et se fait persécuter par les anti-fascistes. Comme il reste quelques heures avant de prendre le bus retour sur Toulouse, on part visiter Paris avec Guy Jovelin et un autre militant du département. Ils voulaient absolument voir le plus vieux café de Paris, le Procope, et la statue de Danton.

Dans le bus du retour, je parle un peu avec Serge Laroze : le déclin de la France, le fait que Marine soit la seule à pouvoir rétablir le pouvoir de l'État et nous rendre la souveraineté que l'Europe menace. La conversation glisse sur l'Algérie française. Laroze m'explique que les Français ont beaucoup apporté aux Algériens, qui les ont virés comme des malpropres.

Nadia

Moi, je ne sais plus quoi penser de cette histoire. Entre ceux qui disent que la France a vraiment fait du bien, qu'avant les Algériens vivaient comme des Touaregs, et ceux qui disent que les Français ont exploité l'Algérie. Je sais juste qu'il y avait des bons et des mauvais dans les deux camps. Que tous les pieds-noirs n'étaient pas des colons racistes, que certains se comportaient mieux que d'autres.

En arrivant à Toulouse, deux militants doivent rentrer chez eux à pied : le chargé de communication de la fédération, Franck Pech, et un certain Alphonse Butex, responsable du Front national de la Jeunesse de la région. Gentiment, on propose de les déposer. En route, Butex s'emporte sur l'époque médiévale. Il nous raconte qu'à l'époque Toulouse était fortifiée, qu'aujourd'hui on ne respecte plus rien, qu'on détruit tout, que c'était mieux à l'époque des croisades…

THIERRY

Quatre jours plus tard, on se rend à « La Manif pour tous » contre le mariage gay à Toulouse. Nous avons des amis homos, et même qui militent au FN, mais eux aussi ils sont contre cette loi. On y va. Les gens crient « Dictature socialiste ! », « Taubira, ta loi on en veut pas ! ». Pendant la marche, derrière nous, il y avait un cortège des Identitaires. À la fin, un policier nous demande de replier nos drapeaux français avant de quitter la manifestation. Ça m'a énervé. J'avais l'impression de ne plus être chez moi ou en démocratie : « On est chez nous, on a le droit ! » Aujourd'hui, j'ai compris que le policier voulait simplement éviter qu'il y ait de la bagarre avec des antifascistes, que c'était pour nous protéger, pas par mépris pour nos drapeaux…

Nous sommes début mai 2013 et je décide de faire des stands FN sur les marchés. Quand on tracte, on se fait beaucoup insulter et on n'a pas vraiment le temps de discuter avec les gens. J'avais remarqué que l'UMP tenait des stands grâce à une autorisation de la mairie. J'ai demandé à ce que l'on puisse faire pareil, pas sur le marché même mais un peu à côté. Un maire sans étiquette nous l'a accordé. Il est élu depuis trente-six ans. À une élection, il a battu le record national : 72 % ! Un jour, il est venu nous serrer la main, de façon républicaine. Tout comme un autre maire, UMP celui-là, qui nous a dit qu'il était pour la libre expression de toutes les formations politiques. D'autres maires nous ont mal reçus.

On tenait le stand à deux ou à six, une à deux fois par semaine. Avec des drapeaux français, de la région, et des affiches où Marine apparaissait en couleur, belle et souriante, tandis que tous les autres politiques – les UMPS comme on les appelait ! – étaient relégués au fond et en noir et blanc. D'autres affiches disaient : « Nous sommes le réveil français. »

Je prévenais la gendarmerie, au cas où, parce qu'on pouvait à tout moment se faire agresser. Régulièrement, il y avait des antifascistes qui venaient faire des saluts nazis pour se moquer et nous traiter de fachos. Un communiste se mettait même souvent en face du stand et répétait « fachos, fachos ! ». Moi ça me rendait dingue. Je voulais les convaincre que nous n'étions ni racistes ni fachos. J'allais en priorité vers les enfants d'immigrés pour leur tendre notre tract : « Pouvoir d'achat. Stop à l'effondrement ! » Quand ils voyaient que ça venait du FN, ils me disaient : « Ça va pas, tu as vu ma tête ! » Je leur disais qu'ils se trompaient, que le FN était pour le rassemblement, le vivre-ensemble et j'ajoutais : « La droite et la gauche, qu'est-ce qu'ils ont fait

pour vous depuis la guerre d'Algérie? »
Certains militants du Front me regardaient
de travers mais je continuais. Les autres
trouvaient ça bien, ils étaient contents de
notre travail.

NADIA

Pendant toute une période, avant ce
début de campagne, ma désignation n'était
pas encore officielle. Je me suis demandé si
je ne devais pas me présenter sous mon nom
de jeune fille : Nadia Djelida. Pour facili-
ter les vocations, Serge Laroze nous disait
souvent : « Si des femmes ont peur d'être
exposées en s'engageant au FN, dites-leur
qu'elles peuvent utiliser leur nom de jeune
fille. » Pourquoi pas moi? Avec Thierry,
on était toujours dans l'idée de changer le
regard sur le Front. On se disait que c'était
un bon moyen de montrer qu'il y avait de
la diversité dans le parti, que nous n'étions
pas racistes…

Je m'en ouvre à Serge Laroze, en lui expliquant que cela pourrait ouvrir de nouveaux publics. Il était mal à l'aise, mais n'a rien osé me dire en face. Dans mon dos, en revanche, il a dit à un autre militant que ce n'était pas malin, que j'allais perdre plus d'électeurs que je n'allais en gagner. Comme il n'arrivait pas à trancher, j'ai appelé à Nanterre, le siège du FN, pour parler au correspondant des têtes de liste. Un proche de Steeve Briois. Il a réfléchi et m'a dit que ce n'était pas judicieux. Pour gagner quelques Arabes, j'allais perdre beaucoup de Français. « Après, faut voir, je ne connais pas ta circonscription. S'il y a beaucoup d'Arabes… Le mieux, c'est de voir avec ton secrétaire départemental. » Je suis donc revenue vers Serge Laroze, qui m'a conseillé de choisir le nom sous lequel j'étais la plus connue. C'est-à-dire mon nom d'épouse.

Mais avant de trancher, on avait commencé à tracter sous mon nom de jeune fille. Des centaines de prospectus que j'avais sortis sur mon imprimante couleur. C'était un tract type du Front, téléchargé sur le site. Au dos, j'avais mis mon nom et mon contact pour me faire connaître. Le fameux Butex, celui qui aime tant les croisades, était furieux : « Tu ne peux pas mettre ton adresse et ton téléphone ! » Il était vraiment nerveux. Je ne comprenais pas si c'était parce qu'il avait peur pour ma sécurité ou si c'était parce que j'avais signé Nadia Djelida. Il a toujours été très distant avec moi et se revendique ouvertement de la « branche dure ». Quand je lui ai demandé ce que cela signifiait, il m'a répondu : « C'est assez explicite… »

J'ai mieux compris lorsqu'il s'est lâché, comme souvent, lors d'un apéritif chez nous, après avoir tenu le stand au marché. C'était une habitude. Vers midi, on remballait et tout le monde venait boire un verre chez nous. C'était toujours nous qui recevions. Butex tenait souvent des propos extrêmes.

Un jour, il a carrément dit : « Quand on aura le pouvoir, on installera une guillotine sur la place principale. » Il adorait se demander s'il fallait exécuter en premier les homos, les Juifs, les Arabes ou les traîtres. Il se croit vraiment au temps des croisades. Il a même une épée et participe à des combats façon chevaliers avec un autre responsable FNJ…

En apprenant à le connaître, autour d'un verre, on s'est aperçus que lui aussi était raciste. Il prétend qu'il n'y a pas eu six millions de Juifs tués pendant la Seconde Guerre mondiale, mais seulement deux cent mille. Soi-disant qu'il a hérité des plans d'Auschwitz de son grand-père, et que c'était matériellement impossible d'avoir gazé tant de monde. Pour lui, la Shoah, c'est une histoire écrite par les « vainqueurs », pas la vérité.

Parfois, quand j'entendais ce genre de réflexions dans mon salon ou sur le stand, je me demandais ce que je faisais là. Mais je me disais que c'était juste quelques fous furieux, des cas isolés. D'autres militants étaient plus normaux, et ça me rassurait. En plus, Butex était mal vu. Pas tellement à cause de ses propos, mais parce qu'il avait le bras long à Nanterre et qu'il passait souvent par Paris au lieu d'en référer aux gens d'ici. Les cadres du FN31 n'aimaient pas trop. Mais ne disaient rien. Il y avait d'autres cas très limite. On ne comprenait pas pourquoi ils restaient là, voire montaient en responsabilité, malgré la ligne affichée par Marine Le Pen dans les médias.

THIERRY

La « ligne dure », en fait, n'est pas si mal vue à Nanterre. On a mis longtemps à le comprendre. Notamment lorsqu'il y a eu un changement de bureau à la tête de la fédération. Ça nous a choqués parce que c'est venu d'en haut, sans élections. En fait, ça couvait depuis que Marine Le Pen est venue à Toulouse, au Chalet des moissons… On a appris, bien plus tard, qu'elle avait passé un savon aux responsables du département. À Serge Laroze, elle a dit que cette section était nulle, la plus nulle de France, qu'il ne se passait rien et qu'il n'y avait pas assez d'adhésions, pas de résultats. Le numéro deux, Guy Jovelin, s'est fait engueuler parce qu'il cumulait trop de postes : secrétaire départemental du Gers, adjoint au secrétaire départemental de Midi-Pyrénées et responsable de la 5ᵉ circonscription. C'était violent. Pourtant juste après, elle était venue devant les militants, tout sourire, nous dire qu'elle était ravie d'être à Toulouse. Elle a même décoré Serge Laroze de la flamme d'honneur, la décoration du Front qui récompense les meilleurs militants ! En fait, ils essayaient de l'amadouer pour nommer à sa place un nouveau secrétaire départemental, issu d'un autre département : un certain Julien Leonardelli, le « fils spirituel » de Louis Aliot.

Ils viennent du même village et ils ont milité ensemble à Perpignan, où Leonardelli était responsable du FNJ. Il était aussi membre du bureau national du FNJ. Donc il cumulait aussi plusieurs postes, mais là visiblement ça ne posait pas problème. Le remplacement était voulu au plus haut mais des militants de terrain lui chauffaient la place au sein de la fédération, dont les plus radicaux. Butex, le nostalgique des croisades, le connaissait bien. Quand je lui ai demandé conseil pour préparer la campagne de Nadia pour les municipales, il m'a conseillé d'appeler Leonardelli, alors qu'il n'était pas encore nommé et que très peu le connaissaient en Haute-Garonne.

Nadia

Sans vraiment le connaître, j'ai appelé Leonardelli. En lui expliquant que j'allais me présenter à Saint-Alban mais que j'étais gênée, parce qu'on n'y habitait que depuis trois mois. Il m'a répondu qu'il n'y avait aucun mal à raconter qu'on vivait là depuis plus longtemps si cela pouvait servir la cause. On a parlé de l'ambiance dans notre fédération. Je lui ai fait remarquer que ce serait plus correct de devenir secrétaire départemental à l'issue d'une élection. Il m'a répondu qu'on régulariserait plus tard, quand il y aurait le temps.

On ne sait pas vraiment ce qui s'est passé avec Serge Laroze. Sur le moment, on a cru comprendre qu'il avait appris son débarquement par Internet et l'avait très mal pris. Il était secrétaire départemental du 31 depuis des années ! Mais on lui a proposé d'être tête de liste sur Toulouse pour les municipales et il est rentré dans le rang. Aujourd'hui, il dit même que c'était son idée, qu'il commençait à se faire vieux. Pourtant, avec plusieurs militants on était choqués, par la façon dont ça s'est passé et son retournement de veste. Ils sont partis. Il en restait d'autres : Laurent (qui soutient Leonardelli depuis le début),

Léonore (qui a rejoint le FN après une agression) ou encore un plombier plutôt mat de peau. Un jour, je lui ai demandé s'il était d'origine maghrébine. Il m'a répondu : « Ne m'insulte pas, je suis d'origine espagnole. » Il y avait aussi les Taigne : Pierre Taigne et son frère.

Un soir, nous nous sommes retrouvés à quelques-uns pour une réunion à la maison. Il s'agissait de faire un point sur le fichier des adhérents et la distribution d'un « sondage » qu'on menait dans la commune : « Votre avis nous intéresse. » Un questionnaire très bien fait intitulé : « Les habitants de Saint-Alban ont la parole. » Rien n'indiquait que c'était un tract du Front, mais c'était bleu-blanc-rouge, avec un mot de moi disant : « Les représentants de la classe politique UMPS ne se remettent pas en question et mènent notre ville et notre pays sur la voie du déclin, sans jamais demander leur opinion aux Français. Notre démarche est inverse : notre projet municipal sera le vôtre. » Suivait un questionnaire à remplir, avec des questions basiques sur l'emploi, la sécurité, l'immigration, le social… Je trouvais ça bien, comme un référendum, de la démocratie participative. On s'intéressait aux gens, mais en fait, c'était un questionnaire type, distribué dans toutes les villes et dont la fédération n'a jamais analysé les réponses. C'était simplement pour donner l'impression aux gens qu'on les écoutait. Mais sur le moment j'y croyais !

La réunion commence. On discute du programme de Marine, du fait que les étrangers prennent le travail des Français… Pierre Taigne me dit que son frère ne viendra pas. Puis son téléphone sonne. C'est lui. Taigne se tourne vers moi : « Finalement, mon frère vient. » Visiblement, ça lui coûtait de venir chez moi. Je ne fais pas attention, on sert l'apéritif. Son frère arrive quelques minutes plus tard, le visage très fermé. Il se vante d'avoir eu un tatouage nazi, qu'il s'est fait enlever parce qu'il a eu trop de problèmes avec, puis s'en va. Tout le monde part coller… sauf Pierre. Il nous explique qu'il n'a pas le temps, qu'il doit se lever tôt le lendemain. Je le raccompagne au portail et c'est là qu'il me dit : « Tu sais, mon frère ne voulait pas venir, il ne voulait même pas te rencontrer. J'ai dû lui expliquer que toi, c'était différent, que tu étais une exception. Mais il a dit : "Non : même croisée avec un blanc, je ne veux pas la voir." Pour lui, toi et tes enfants vous êtes bons pour le four… »

Je l'ai pris en pleine figure. Je commençais à être habituée aux réflexions de ce genre, mais là c'était quand même très violent, ça visait mes enfants, et puis j'avais l'impression que Pierre prenait un certain plaisir à rapporter les propos de son frère. Je me suis énervée : « Tu me dis ça maintenant, après l'avoir amené chez moi. Si je comprends bien, il est venu au spectacle ! Tu m'as piégée ! » Je ne sais pas pourquoi j'essayais de me justifier : « Tu sais bien que je suis pas une intégriste… » Mais il disait :

« C'est pareil. Intégristes ou croisés avec un Blanc… Les Arabes, c'est tous pareil… Au four. » J'ai crié que son frère était un facho et que je ne voulais plus les voir. Heureusement, Thierry n'était pas là pour entendre ça. J'ai mis du temps à le lui dire, j'avais peur de sa réaction. J'essayais de me convaincre que Pierre, avec qui je devais militer pour la campagne, voulait simplement me dire comment était son frère, qu'il était différent. Sauf que dès qu'il boit un peu, il parle exactement comme lui.

THIERRY

Un soir, nous avons invité Pierre Taigne et sa femme à dîner. Je ne savais pas pour l'histoire du « four »… Pierre a regardé partout et a flashé sur un aigle en bois sculpté, qu'il a pris pour un aigle de la SS. Je l'ai refroidi en lui disant que c'était un perroquet du Gabon. Taigne a fait l'armée. Il est très fier de dire que son grand-père était un nazi, qu'il descend de Rudolf Hess ! Il nous a raconté qu'à l'époque de l'Occupation, son grand-père se baladait fièrement au bras de sa grand-mère et que tous les Français « fermaient leur gueule ». On dirait qu'il leur préfère les Allemands. Après plusieurs verres, il n'arrêtait pas de délirer : « Les communistes, une balle dans la tête… Les Arabes, ça peut encore aller, mais les Juifs moi je peux pas… Tous dans le pré et le premier qui se lève, je canarde à vue ! » Ça nous a glacés. Sa femme lui a lancé : « Pierre, t'es con quand t'as bu. »

On s'est engueulés, un autre jour, en revenant des stands et du marché. Pierre est venu boire l'apéritif. Quatre ou cinq bières. Puis il s'est mis à délirer contre le général de Gaulle. On parlait de la Résistance et il s'est énervé : « Vous les Français vous êtes tous des faibles (du coup il n'était plus français), s'il n'y avait pas eu les Alliés, vous parleriez allemand et vous ne feriez pas les malins ! » C'en était trop. Je lui ai dit : « Qu'est-ce que tu viens me dire, tu n'es plus français maintenant? Tu es allemand? Si t'es au FN, t'es pour la France! Et puis la France n'est pas un pays de lâches. Elle a toujours été un pays conquérant! »

C'est après que Nadia m'a raconté l'histoire de « tes enfants sont bons pour le four ». J'étais furieux. Je ne voulais plus le voir. J'appelle même un militant pour hurler, lui dire que j'ai des valeurs, celles d'un populiste patriote, les valeurs de la République et que je ne me retrouve plus au Front. Je ne pouvais pas tolérer qu'un futur cadre ait des positions proches du nazisme! Car Taigne s'apprêtait à monter en grade grâce à Julien Leonardelli. Je songeais à démissionner.

Nadia

Je ne savais plus quoi penser. Le FN avait investi sur moi, cette campagne me faisait envie… Peu après l'histoire du « four », début juillet 2013, je suis partie au Campus

Bleu Marine, pour la formation des têtes de liste à Nanterre. On était une trentaine, acueillis par Michel Guignot et Jean-François Jalkh, qui forment les candidats du FN depuis des années. Première chose, Guignot nous demande d'éteindre nos portables et de ne pas filmer, en expliquant qu'il ne veut pas se faire piéger comme Dominique Martin[1]. Il faisait allusion à un enregistrement datant de 2007 publié par Mediapart. On pouvait y entendre ce proche de Marine Le Pen conseiller aux candidats de s'adresser au « client-électeur » en étant « démago à mort », tout en imitant les étrangers comme les « Portugais (qui) font tout à la main, roulé sous les aisselles »… Visiblement, ils ne voulaient plus prendre le risque d'être enregistrés. France 3 Picardie a eu le droit de faire quelques images au début mais pas

____

1. Mediapart a publié cette séquence enregistrée par le journaliste Benjamin König. https://www.frenchleaks.fr/-Les-conseils-de-Dominique-Martin-.html

de filmer le contenu des formations. À côté de moi, il y avait Julien Sanchez, le responsable communication du FN. Il ne m'a pas décroché un mot du week-end. Je l'ai trouvé hautain, surtout pour quelqu'un censé communiquer. Il sortait tout le temps pour passer des coups de fil.

Les cours étaient franchement décevants. Étant novice en politique, j'attendais des réponses sur comment aider les citoyens. On s'attardait sur des détails techniques : boucler une liste, les mandataires financiers, les remboursements de frais de campagne, le code général des collectivités locales, la taxe d'habitation, l'intercommunalité, finaliser un parachutage, rédiger un bail pour régulariser (il y avait un modèle à recopier)… On avait même un slogan : « Pas d'élu, pas de liste, pas de remboursement. » Dans mes notes, j'ai retrouvé cette phrase : « Objectif municipal : capitaliser sur les dividendes. » Je ne sais même plus ce que ça veut dire.

L'enjeu, on nous l'expliquait clairement, n'était pas forcément d'obtenir des maires ou des conseillers municipaux mais d'avoir un pied dans la porte pour dénoncer les magouilles de l'UMP et du PS, espionner les ententes et les faire exploser. Il fallait aussi surveiller les attributions de HLM.

Pour la campagne, ils nous disaient de piocher dans les propositions nationales mais de cibler en fonction de la population locale. D'insister sur le fait que tout allait mal et que tout allait fermer. Les hôpitaux, les bistrots, les boulangeries, les gendarmeries, les écoles, les églises… On aurait plus de délinquance, de drogue et d'insécurité. En même temps, il fallait dénoncer l'augmentation des aides sociales ou des fonctionnaires qui permettent de maintenir les services publics… Parce que ça signifie augmenter les impôts. Je me perdais un peu dans le raisonnement et je m'ennuyais.

À la pause déjeuner, on est tous allés « Chez Tonton », le fameux restaurant près du siège de Nanterre où Marine Le Pen a dit un jour qu'elle fêterait sa victoire en cas d'élection. Là, j'ai fait la connaissance d'une tête de liste qui était clairement de la tendance dure : « Moi, c'est Jean-Marie Le Pen. Sa grande gueule me plaît », m'a-t-il dit. Il y avait d'autres secrétaires départementaux. On parle du halal dans les supermarchés et de la construction de mosquées. Je leur dis qu'en Espagne, des activistes ont mis du cochon dans les fondations, du coup le lieu est profané et les Arabes ne veulent plus du terrain pour construire leur mosquée... J'ai lu ça sur Internet. L'histoire leur plaît beaucoup. On me dit qu'il faudrait faire la même chose en France. Qu'il faudrait ouvrir des saucissons et les mettre dans les rayons halal des supermarchés, pour que les musulmans ne veuillent plus y toucher. « Si ça peut faire chier les Arabes, c'est tant mieux », ricane un militant.

THIERRY

Les semaines qui suivent, c'est l'enfer. Le changement de bureau a lieu. Julien Leonardelli devient officiellement notre secrétaire départemental et Pierre Taigne un des responsables de la circonscription. Ça lui monte à la tête. Il n'arrête pas d'appeller les Arabes des « melons », les Noirs des « boucaques », et de nous bassiner avec son grand-père nazi. Son frère, celui qui voulait mettre nos enfants au four, vient même de s'encarter ! C'en est trop. J'appelle Julien Leonardelli pour lui dire que je vais rendre ma carte. Il faut cette menace pour qu'il daigne nous voir avec Nadia, dans un café.

D'abord, il essaie de relativiser. Je lui raconte que Taigne se revendique de la « branche dure ». Il me répond : « Ça ne me dérange pas. Moi aussi. » Je lui rapporte ses propos nazis, qu'il est maintenant mon responsable, et je lui dis que je ne peux pas travailler sous les ordres d'un néonazi, que ce n'est pas du tout le projet politique de Marine Le Pen… Leonardelli me dit : « Tu n'as qu'à pas le calculer. Ta responsable, c'est ta femme. Tu n'as qu'à travailler sous ses ordres. » Je lui réponds que ce n'est pas le problème, que je ne peux pas cautionner des gens qui tiennent des propos néonazis ! Et là, il commence à me dire qu'il n'y a pas de preuves, que ça lui passera, qu'il va lui parler, que si un responsable tenait des propos pareils, bien sûr il le virerait, que lui-même a vaguement des origines juives… J'ai un peu l'impression qu'il se fiche de moi. Il sait bien que je ne mens pas, que Taigne est comme ça, mais il noie le poisson.

Les preuves, il suffit d'aller sur les pages Facebook des militants de la fédération pour les trouver ! Guillaume Vives, tête de liste du FN à Aucamville, « aime » et relaie la page « Pour que plus jamais un singe ne soit comparé à Taubira », avec la photo de la ministre à côté de celle d'un bébé guenon. Tout comme Butex, qui pose en chevalier sur sa page. Quant au copain avec qui il croise l'épée et qui est lui aussi responsable de circonscription, il relaie la page « Fuck Islam » (avec un doigt) où il est écrit : « Je baiserai l'islam jusqu'à ce qu'il m'aime »... Elle est illustrée par une photo de pelleteuse écrasant dans le sang des musulmans qui prient dans la rue.

Est-ce que ça choque vraiment Leonardelli ? Sur sa propre page Facebook, il est fier d'être allé rendre visite au FPÖ, un parti autrichien nostalgique du Troisième Reich[1] ! Sur le moment, je pensais qu'il s'agissait seulement de problèmes liés au FN31. Mais Aliot soutient Leonardelli et son équipe... Bref, je ne comprenais plus. Fallait-il croire le discours officiel du FN ou sa pratique ?

---

1. Extrait de son statut Facebook : « 11 juillet 2011. Voyage à Salzburg, en Autriche à la rencontre du FPÖ, en compagnie de Julien Rochedy et Paul-Alexandre Martin. »

Quelques mois plus tard, le FN va exclure Anne-Sophie Leclere, une candidate du Front national aux élections municipales coincée par « Envoyé spécial ». Elle a comparé Christiane Taubira à un singe et déclaré : « À la limite, je préfère encore la voir dans un arbre après les branches que la voir comme ça au gouvernement[1]. » Pourquoi ne pas mettre à pied ceux qui partagent des statuts Facebook comparant Taubira à un singe ou ceux qui tiennent des propos nazis? Parce que les dirigeants ne savent pas, ou parce que les médias n'en parlent pas?

Sur le coup, j'essaie de me persuader que Marine, en pareille circonstance, virerait ceux qui tiennent de tels propos au sein du FN31. J'annonce que je quitte la fédération mais je ne rends pas ma carte du parti, et j'écris un statut Facebook pour m'en expliquer :

---

1. *Les Nouveaux Visages du Front national*, Séverine Lebrun et Olivier Gardette, « Envoyé spécial », 17 octobre 2013.

« Message important à tous mes amis et à ma famille. Je tiens à vous dire que j'ai été un militant FN31 très actif dans la Haute-Garonne car je croyais aux valeurs sociales et patriotiques de ce parti ; cette fédération m'a permis d'ouvrir les yeux je me suis rendu compte au fur et à mesure que beaucoup de gens veulent dédiaboliser le FN mais tout cela est une façade. À force de côtoyer les militants et surtout les responsables FN31, je me suis aperçu que certains avaient des propos néonazis et fascistes (…) Je ne mets pas tout le monde dans le même sac car il y a des militants et responsables qui sont très bien dans la fédération 31 et qui croient aux valeurs que Marine défend, mais tout cela me pousse à quitter cette fédération de la Haute-Garonne. J'adhère à beaucoup de sujets que Marine défend, mais je ne peux supporter le non-respect des communautés et le racisme. Je suis patriote mais pour moi le patriotisme, c'est un peuple qui aime sa nation quelle que soit l'origine ou la religion. »

Quand j'y repense maintenant, c'était drôlement naïf. Parce que même avec les militants les plus « normaux », ça coinçait. Par exemple avec Léonore, une responsable du FNJ de Toulouse. Elle n'est pas du tout de la branche dure. Pourtant, on s'est accrochés un jour parce que j'avais posté une photo du parrain de mon fils sur Facebook. J'étais fier de montrer qu'il était noir et musulman. Mais Léonore ça l'énervait, surtout quand on s'est mis à parler du baptême. Quand on lui a dit que le curé avait été assez sympa pour accepter notre parrain, elle s'est fâchée : « C'est n'importe quoi. Un musulman, c'est interdit par l'Église. » Nadia lui a répondu qu'elle faisait ce qu'elle voulait, en gros que ça ne la regardait pas.

NADIA

Après notre conversation avec Leonardelli, fin juillet, nous avons moins milité. On ne savait plus quoi penser. Alors que Marine ne cessait pas de dire à la télévision qu'il n'y avait pas de racistes au FN et que s'il y en avait, ils seraient exclus, on avait l'impression que nos « signalements » gênaient.

Un peu comme lorsque la presse a sorti une photo où l'on voit Marion Maréchal-Le Pen poser en tenue de soirée avec des extrémistes lors de la fête des « 40 ans du Front national ». D'après *Le Monde*, il y avait à ses côtés un ancien leader du GUD très radical et un ancien skinhead que l'on peut voir sur une autre photo, prise ailleurs, en train de porter un casque de SS et de faire un salut nazi[1]. Marion a dit que ces gens « n'avaient pas leur place dans le mouvement ». Marine, elle, a remercié

---

1. Selon *Le Monde*, Baptiste Coquelle et Edouard Klein avaient également participé en février à la convention du FN, à Lille. Ils avaient assisté à la convention des « Jeunes avec Marine », un mouvement animé par le patron des jeunes FN Julien Rochedy, qui est d'ailleurs présent sur le cliché du 11 décembre, nœud papillon noir au cou. Lire « Quand les jeunes "marinistes" s'affichent avec le GUD », blog d'Abel Mestre et Caroline Monnot.

« les balances » qui « permettaient de faire le ménage ». C'était bien de faire le ménage ou c'était des « balances » ?

Début septembre, une autre affaire a éclaté. Un député UMP a mis en garde le Front contre les propos incitant à la haine et à l'antisémitisme d'un futur candidat investi pour les municipales à Neuville-en-Ferrain, à côté de Tourcoing. Sa page Facebook montrait un drapeau israélien en train de brûler, avec ce message : « Ici c'est la France ! » Dans la foulée, d'après la presse, tous les candidats ont reçu un message de Steeve Briois. Il commence par dénoncer « une nouvelle tempête médiatique orchestrée par un député UMP en manque de notoriété au sujet de la "littérature" et des images publiées par un candidat que nous avons investi ». Puis demande « solennellement » de « vérifier ou faire vérifier immédiatement » les pages Facebook, tweets et blogs des candidats. « La discipline est un élément sur lequel nous ne transigerons pas. Chaque candidat doit en effet respecter la ligne politique du mouvement et ne pas se laisser aller à des délires personnels ou idéologiques. Si des cadres ou des candidats venaient à déroger à cette règle, nous serions amenés à en tirer les conclusions qui s'imposent. Je vous informe que Marine Le Pen a prononcé un avertissement à l'encontre du Secrétaire départemental qui avait manqué de vigilance. » On ne pouvait être plus clair. Le secrétaire départemental était censé veiller à ce qu'il n'y ait pas de dérapages sur les pages Facebook. C'est du moins ce qu'il y avait écrit dans la presse… Sur le terrain, pourtant, on était regardés de travers quand on dénonçait des propos nazis à notre secrétaire départemental !

THIERRY

Non seulement, je me sentais mis à l'écart à cause de mes critiques mais le nouveau bureau s'appropriait mon travail. Pierre Taigne disait à Leonardelli qu'il avait eu l'idée de faire les stands sur les marchés ! En septembre 2013, quand Louis Aliot est venu à Toulouse pour saluer leur prise de fonction officielle, à lui et à Julien Leonardelli, on se sentait vraiment mal.

Nadia pensait qu'Aliot en profiterait pour rencontrer les têtes de liste, leur donner des conseils, mais tout se passait entre « copains » avant la réunion publique : entre lui, Leonardelli et Nathalie Pigeot, la responsable des départements de toute la France et des têtes de liste, une très proche de Marine qui est venue aussi. Leonardelli a fait un discours d'investiture terriblement mauvais et ennuyeux. Il n'avait rien à dire, à part qu'il militait au FN depuis l'âge de dix-sept ans, qu'il avait vingt-six ans, qu'il était marié, qu'il dirigeait une boulangerie, que le FN était « une grande famille » et qu'il allait mettre en place des réunions tous les deux mois pour faire venir des intervenants de Paris comme

« Gilbert Collard, Marion Maréchal-Le Pen ou Jean-Marie Le Pen ». À l'évidence, il était non seulement de la branche dure mais totalement inexpérimenté. On voyait bien qu'il n'avait pas été nommé pour ses qualités d'orateur ou de rassembleur, mais parce qu'il est ami avec Louis Aliot. Après, Nathalie Pigeot nous engueule tous, sur le mode : « Va falloir se bouger les fesses maintenant. » Et puis Aliot prend la parole. Un discours très violent, loin de l'image qu'il donne à la télé. Comme ce n'est pas filmé mais entre militants, il nous explique qu'il n'est pas question d'alliances, que les militants UMP il faut « tous les crever ». C'est une métaphore, bien sûr, mais quand même je trouve ça violent, déplacé et vulgaire. Puis il se lance dans une blague sur le porte-avions *Charles de Gaulle*, toujours au garage, sans doute parce que son nom ne lui a pas porté chance… Les gens rient. Je réalise que je suis le seul à croire que le FN est devenu gaulliste, que l'homme le plus proche de Marine Le Pen déteste de

Gaulle, que s'afficher gaulliste c'est juste pour les caméras. Il fait encore une vanne sur de Gaulle et là je bous carrément. Je n'ai qu'une envie, c'est de lui lancer ma carte à la figure. On s'engueule avec Nadia et je quitte la salle.

NADIA

Tout le monde a vu que Thierry partait fâché. Un militant qui fait tout le temps des blagues sur les Arabes et les homos s'est approché de moi : « Votre mari a l'air très en colère. Vous êtes tête de liste quand même, ça ne fait pas bien. » Je n'ai pas répondu, je suis allée me servir un amuse-gueule au buffet. Une dame s'est mise à plaisanter : « J'espère que c'est halal au moins ! » Ça ne m'a pas fait rire. Ils commençaient à me fatiguer. On est venu pour me demander de tenir le drapeau français à la sortie, et faire la quête. Je n'aimais pas trop cette idée de mélanger le drapeau français et le fait de demander des sous aux gens. Je me sentais utilisée. Un militant que j'aimais bien m'a dit : « Tu ne vois pas qu'ils se servent des gens comme toi… »

On se disputait avec Thierry pour savoir s'il fallait que je démissionne aussi. Je lui ai dit : « On va à l'université d'été. C'est la dernière chose que je veux voir avant de décider. » Il allait y avoir tous les militants réunis dans un même lieu. Je voulais voir si le FN était comme on le disait, blanc et raciste, ou s'il était le reflet de la France dans sa diversité. S'il y aurait des Noirs, des métis, des « gens comme moi » aussi.

On s'inscrit et on organise le covoiturage. En fait, on conduit tout le long, pour tout le monde. C'est tout juste si les autres militants ont contribué à payer l'essence. 20 euros par personne pour l'aller-retour entre Toulouse et Marseille, et encore, ils ont trouvé que c'était trop cher ! On avait un grand monospace pour sept mais Léonore râlait. Elle disait qu'elle n'était pas bien installée, que si elle avait su, elle aurait pris le train… Jacques Butina, qui est tête de liste dans une ville de la région, n'arrêtait pas de faire des blagues sur les homos, alors que Laurent était dans la voiture, et qu'il était fou amoureux d'un autre militant… C'était l'enfer. Butina n'arrêtait pas de chercher sur son téléphone pour en trouver une bien bonne. « Y a un avion avec à bord Hollande, Obama et l'émir du Qatar. Obama se lève et dit : "Je jette des dollars parce que j'en ai plein chez moi." Le mec du Qatar se lève et dit : "Je jette des barils de pétrole parce qu'on ne sait pas quoi en faire." Hollande se lève et jette le mec du Qatar : "Des Arabes, chez nous, on en a tellement…" » On n'écoutait même plus.

THIERRY

Arrivés près du Vélodrome, on a posé nos affaires à l'hôtel, puis on s'est rendus à l'université d'été pour s'accréditer, chercher notre badge, notre bracelet et nos sacoches. À l'intérieur, on nous a donné toutes sortes d'argumentaires, sur la sécurité, la TVA et les artisans, les retraités, les buralistes ou même la « taxation provisoire des panneaux solaires chinois ». Une « charte d'action municipale » qui réaffirme le soutien à la « laïcité républicaine » (notamment dans les cantines scolaires et les piscines municipales), le refus de toute « subvention à des organisations ou à des projets communautaristes » et s'engage à mener toutes les actions possibles contre les « installations sauvages des nomades ». On trouvait aussi le bulletin départemental de la fédération des Bouches-du-Rhône, avec un article contre les « antifas » qualifiés d'« idiots utiles de l'ultra-libéralisme apatride ».

Je regarde le programme des conférences et on se balade entre les stands. Ce qui est sympa, c'est qu'on peut voir en vrai toutes les « stars » du parti, comme Marion

Maréchal-Le Pen ! J'avoue que j'étais sous le charme. Je la trouvais moderne, modérée et aussi, soyons clair, parce que c'est une belle femme. On a aussi vu le comique Roucas et croisé Steeve Briois. On lui a serré la main, échangé trois mots, mais il est très hautain, ça ne passe pas trop avec lui…

L'un des invités les plus remarqués en séance plénière était un ancien professeur au Collège interarmées de Défense, Aymeric Chauprade. Apparemment, il a été licencié pour avoir mis en doute la version officielle sur le 11 septembre dans un livre. À l'époque, il venait de rejoindre le Front (il est aujourd'hui tête de liste aux municipales en Ile-de-France) et il donnait une conférence sur « La France face aux défis géopolitiques mondiaux ». Il a tenu un discours très antiaméricain et prorusse, que Marine Le Pen écoutait attentivement. Sur le moment, j'ai trouvé ça plutôt bien. Plus tard, toujours sur Internet, j'ai vu que Chauprade s'est rendu à la Douma, le Parlement russe[1]. À l'époque, ça ne me choquait pas. Au Front, on était habitués à admirer Poutine… Sur bien des sujets, il servait de modèle.

Il y avait aussi un atelier sur « l'Europe et le mépris des peuples », avec Steeve Briois, Bruno Gollnisch, Gilbert Collard et la tête de liste du Front à Aix-en-Provence, Catherine Rouvier, une universitaire. Elle a été très applaudie quand elle a attaqué la Charte européenne qui « nous dicte absolument tout notre droit » et porte atteinte à notre souveraineté, tout en prenant la défense de Poutine : « Elle impose ses choix idéologiques : interdiction de la peine de mort, parodie de mariage entre deux êtres de même sexe, accueil obligatoire des soi-disant "gens du voyage" (qui ne voyagent plus dès qu'ils ont trouvé le bon pigeon). Financement des allocations familiales des enfants d'immigrés vivant dans leur pays d'origine ! Remplacement de nos fêtes

____
1. http://blog.realpolitik.tv/2013/06

millénaires par l'aïd et le ramadan. Et bientôt, la polygamie et l'euthanasie pour tous ! Et cela, mes amis, même les États-Unis ne l'ont pas osé. Obama est en train de dénoncer l'homophobie supposée de Poutine mais le droit américain n'oblige pas un État à aligner tout son droit sur celui de l'Union. Et nous, nous le faisons en Europe ! »

Toutes les interventions de l'université allaient un peu dans le même sens… Quand j'y repense, c'est bizarre pour des patriotes se disant démocrates d'admirer un chef d'État étranger si peu démocratique mais sur le moment je ne voyais pas le problème. Dans la sacoche de l'université d'été, il y avait une affiche « Non à la guerre en Syrie », avec un avion qui largue des bombes. J'ai su bien plus tard que c'était non seulement la position de la Russie mais aussi celle d'un conseiller en communication de Marine Le Pen, Frédéric Chatillon, dont la boîte de conseil en communication, Riwal, travaille aussi pour la Syrie. Sur le moment, ça ne m'a pas choqué. Je suis plutôt contre l'intervention en Syrie. Parce que les islamistes en profiteront. Mais de là à soutenir Bachar el-Assad…

NADIA

De mon côté, je devais faire la séance photo pour les têtes de liste. On a été filmés par TF1. La vidéo a été diffusée sous le titre « Le Front national chouchoute ses jeunes recrues ». Ensuite, je suis allée voir des ateliers comme « Campagne, les pièges à éviter » de Jean-François Jalkh. Mais il racontait la même chose qu'à Nanterre. L'équipe de Paris venait de s'apercevoir que les listes « Rassemblement Bleu Marine » pouvaient faire baisser le pourcentage comptabilisé comme FN. Ils incitaient les gens à faire des listes FN plutôt que RBM. Par la suite, on s'est aperçus qu'ils se fichaient complètement de cette étiquette. Par exemple, on avait un ami qui ne voulait pas adhérer au FN mais qui a adhéré au Rassemblement Bleu Marine. Il se plaignait de n'avoir jamais été contacté par la fédération, pour aucun événément. Quand j'ai demandé si les fichiers étaient à jour, le secrétaire départemental m'a dit qu'il s'en fichait complètement. Quand j'ai appelé Nanterre, ils m'ont dit que le fichier RBM n'était pas tenu, qu'ils avaient d'autres priorités…

Toujours à l'université, je me souviens d'un atelier animé par un économiste très ennuyeux. Dans l'ensemble, on avait l'impression qu'il n'y avait pas beaucoup de monde du FN capable d'animer une conférence, en dehors du petit cercle autour de Marine Le Pen. Visiblement, il fallait trouver des intervenants extérieurs. J'ai aimé le discours d'un intervenant à l'atelier « Les collectivités locales face à l'Europe totalitaire ». Un certain Karim Ouchikh, un ancien du PS. Ce n'est qu'après qu'on a su qu'il était lui aussi très partisan de la Russie. Il a notamment écrit des articles pour associer le soutien aux Femen ou aux Pussy Riot, et plus généralement toute dénonciation des violations des droits de l'homme commises par Poutine, à un climat « russophobe[1] ». Sur le moment, on ne savait pas. Thierry lui a même demandé un autographe. On était surtout contents de voir quelqu'un d'origine immigrée. Mais à part lui et moi, on ne peut pas dire que la France « black, blanc, beur » était représentée. Vraiment pas. Cela paraît bête aujourd'hui. Mais nous pensions que c'était juste en Haute-Garonne, ce manque de diversité au sein du Front… Là, on voyait bien que non.

Et puis le gala, le soir, c'était vraiment too much. Marine est entrée sur une musique impériale. Ils ont lâché des chevaux au milieu du repas parce qu'elle aime les chevaux… Ça faisait vraiment empire romain et culte de la personnalité. Ça plaisait beaucoup à Butex, qui était là. Pas à nous. Mon regard

---

1. http://www.bvoltaire.fr/karimouchikh/france-pourquoi-tant-de-haine-a-legard-de-la-russie,18761

commençait à changer. Je m'apercevais qu'en fait le Front, c'était surtout du vide. À part Marion, Collard, Philippot et Gollnisch, il n'y a pas grand monde pour faire illusion. On pouvait même faire des photos avec Marion Maréchal et Marine, mais payantes.

THIERRY

Au début, c'est prenant. La musique, la mise en scène, le film qu'ils diffusent sur « la France des oubliés » : les ouvriers, les pêcheurs, les paysans, les habitants des lointaines banlieues, les personnes âgées… Et puis Marine est une bonne oratrice. Comme son discours est filmé par la presse, je retrouve les accents qui m'ont plu à la télé. Mais autour de nous, la foule crie : « La France aux Français. » Quand elle parle de l'UMP, des fous hurlent : « Il faut tous les tuer. » Quand elle mentionne Taubira, on entend : « Faut la griller… la guenon ! » On ne savait même plus d'où ça venait, des gens disaient « chut ! », mais ça fusait de partout. Et du coup ça n'avait plus aucun sens, les mots qu'elle prononçait à la tribune…

La veille déjà, j'étais tellement énervé par ce spectacle, mais aussi par tout ce que je gardais en moi depuis des mois que je voulais me lever, aller devant la table de Marine et rendre ma carte. Mais au moment de la chercher dans ma poche, je me suis aperçu que je l'avais perdue… Quelque part à Marseille, il doit y avoir une carte du FN au nom de Thierry Portheault. J'ai dû téléphoner à Nanterre et demander un duplicata pour pouvoir la déchirer en mille morceaux quelques semaines plus tard.

NADIA

Dans la voiture du retour, l'ambiance était pire qu'à l'aller. Butina recommençait ses blagues sur les homos et les Arabes grâce à son smartphone. Laurent, un petit blond FNJ d'une autre circonscription, avait cherché toute la soirée s'il y avait des homos à draguer grâce à une autre application, qui permet aux homos de se signaler. On riait en se demandant si son radar allait indiquer certains cadres du parti, dont tout le monde sait bien qu'ils sont gay, même s'ils le cachent… Il était surtout triste parce qu'un autre militant n'avait pas voulu de lui. On essayait de le consoler. En même temps, il nous a vraiment déçus. Laurent n'est pas raciste, il est comme nous. Il disait qu'il fallait dénoncer ces dérapages, que cela ferait scandale mais que cela aiderait à nettoyer… Mais quand on l'a fait, il nous a tourné le dos pour conserver son poste. Au FN, il y en a beaucoup des comme ça. Des opportunistes, qui ferment les yeux, comme moi pendant des mois.

THIERRY

Peu après l'université d'été, le 11 octobre, je décide d'envoyer une lettre à Marine. Pas une lettre de rupture. Une demande d'explication. Je crois encore, naïvement, qu'elle ne voit pas tout ça et qu'elle y mettra fin si elle sait… Je déballe tout et j'espère au moins une enquête.

« Madame la présidente du Front national,

Je viens par cette lettre vous exprimer mon inquiétude envers la fédération FN31 à laquelle j'appartenais en tant que militant actif. (…)

À force de côtoyer les militants et surtout les responsables FN31, je me suis aperçu que certains avaient des propos néonazis et fascistes bien engagés et un dégoût des Arabes en stigmatisant toute une communauté. Un responsable FN31 se vantant du tatouage (croix gammée) de son frère – lequel a été obligé de se le faire enlever – lui-même fier de dire qu'il est un petit-fils de nazi. Un autre responsable du bureau du FN31 dit qu'il déteste les homos et les Arabes, des militants disent qu'il faut tuer tous les Arabes. Je ne mets pas tout le monde dans le même sac car il y a des militants et responsables qui sont très bien dans la fédération 31 et qui croient aux valeurs que vous défendez. J'ai informé le secrétaire départemental, Mr Julien Leonardelli, que je ne peux pas militer à côté de gens qui n'ont pas les mêmes valeurs que moi, si l'on peut appeler cela des valeurs. (…)

Je ne peux supporter, madame la présidente, le non-respect des communautés et le racisme envers ceux qui sont des Français à part entière. (…) Je reste fidèle à votre politique et je voterai pour vous, merci de votre compréhension. Je me tiens entièrement à votre disposition si vous avez des choses à me dire. Je vous prie d'agréer, madame, mes très sincères salutations. »

Bêtement, nous attendions une réponse. On y croyait. Nous en avions discuté avec quelques amis du FN. Ils pensaient, eux aussi, que Nanterre dépêcherait quelqu'un pour mener une enquête, mais non, rien. La lettre a été envoyée en copie à Serge

Laroze et à Julien Leonardelli. Pas de réactions. Trois choix s'offraient au FN : exiger une enquête, exclure Taigne ou désinvestir Nadia. Choisir un camp ! Mais non, rien, aucune réponse, le vide total.

Trois semaines après avoir envoyé ma lettre, restée sans réponse, je décide d'écrire une seconde lettre à Marine Le Pen pour leur dire que j'ai compris.

« Je viens par la présente vous exprimer mon indignation envers votre formation politique. Je vous ai écrit une lettre dont les copies ont été envoyées aux responsables de la fédération FN31, qui sont restées sans réponse de votre part et du bureau FN31. Ce qui me pousse à croire que vous cautionnez les dérives racistes, homophobes et antisémites de certains responsables et certains militants dont je vous ai entretenus par cette précédente lettre. Madame la présidente, je vous rends ma carte de militant FN car je crois bien que nous n'avons pas les mêmes

valeurs, ces valeurs sont elles-mêmes en décalage avec les discours de vos responsables que vous protégez tant qu'ils ne sont pas pris par le feu des médias. Je vous remercie toutefois de m'avoir ouvert les yeux sur la réalité de votre formation politique, et je peux vous dire maintenant que vous serez mon adversaire politique que je combattrai dans le respect de la démocratie. »

NADIA

Le 4 novembre, c'est à mon tour d'écrire une lettre.

« Je viens par la présente vous annoncer ma décision de retirer ma candidature pour les municipales de Saint-Alban. (…) J'ai accepté "ce poste" pour servir mon parti mais lui ou la fédération ne m'aide pas beaucoup (…) Je suis d'origine algérienne et comme vous l'a stipulé mon mari dans sa lettre du 11 octobre, je ne suis pas d'accord avec

certains discours de certains responsables de mon département. Étant dans la réflexion, de deux choses l'une. Soit "Marine est une devanture", comme le disent certains responsables FN ici: elle a une haine des musulmans et de l'islam et si elle arrive au pouvoir attention à eux. Soit elle n'est pas au courant de tout ce qui se passe ici dans les fédérations ou sur Facebook, ce que je peux comprendre, mais dans ce cas je suis sceptique du fait que mon mari n'a eu aucune réponse de votre part. Je pourrais citer d'autres exemples mais ma lettre serait trop longue. Pour toutes ces raisons, je souhaite retirer ma candidature pour les municipales de Saint-Alban. Aussi je vous rends ma carte par souci de cohérence. »

Cette campagne ne rimait plus à rien… Je me retrouvais à me battre toute seule, sans aide, pour une ville de 6 000 habitants, là où d'autres têtes de liste d'autres départements étaient épaulés et soutenus. Mais surtout, je ne croyais plus aux belles promesses de la « dédiabolisation ». Le diable, on le rencontrait tous les jours au Front, c'était sa réalité. Et je commençais à me dire que la nouvelle direction s'en accommodait très bien tant que les médias n'en parlaient pas. Pourquoi continuer à me battre pour des gens qui, s'ils arrivaient au pouvoir, rendraient infernale la vie de gens comme moi ou mes enfants ? On n'avait toujours aucune réponse du FN, sauf des reproches m'engueulant parce que je n'étais pas allée au dernier stage de formation… Et pour cause, je partais. Tous les jours, j'allais à la boîte aux lettres en espérant une réponse. Tout ce que je recevais, c'était des courriers du siège national me demandant de faire adhérer des gens et d'organiser des appels aux dons !

Je voulais retirer mon nom de ce parti, cette étiquette ne m'allait plus. Par souci de cohérence, je devais une explication aux habitants de Saint-Alban, que j'avais essayé de convaincre pendant des mois de voter FN. Je ne pouvais pas me retirer de l'élection sans une explication… C'est alors qu'un ami nous a proposé de rencontrer un journaliste de *La Voix du Midi*. On s'est dit que ce serait plus simple : faire une déclaration et me retirer. On n'imaginait pas une seconde l'ampleur que ça allait prendre !

THIERRY

L'article a été publié d'abord sur le site du journal puis le matin, 5 novembre, dans la version papier. Le journaliste de *La Voix du Midi* me laisse un message en me disant : « Bonjour monsieur Portheault. L'affaire prend des proportions nationales et plusieurs grands médias m'ont contacté ce matin. Je n'ai pas donné vos coordonnées mais je pense que vous serez très sollicités. »

À peine j'ai fini d'écouter le message que le téléphone se met à sonner : Europe 1, d'autres radios… Je regarde par la fenêtre du pavillon, il en vient de partout. I-télé, RMC, Canal +. Une forêt de micros et de caméras. On prend peur avec Nadia, on n'avait pas du tout imaginé ça. Elle part avec les petits. Moi, je donne quelques commentaires, très brefs. Canal + voulait faire monter Nadia à Paris. Bourdin la voulait dans son émission. On refuse tout. J'ai un ami qui a vécu une polémique un jour avec son entreprise. Du jour au lendemain, il s'est retrouvé au cœur d'une tempête médiatique. Je l'appelle pour lui demander conseil. Il me dit de tout couper, les réseaux sociaux, de faire très attention à ce que je dis : « Les médias, c'est comme un accident de voiture. On parle, on parle, et un jour on dérape. » En plus, très vite, le FN nous menace de représailles !

NADIA

Le lendemain de la parution de *La Voix du Midi*, Nathalie Pigeot, qui est très proche de Marine à Nanterre, m'appelle.

Elle me demande « comment se passe ma campagne » ! Je lui réponds : « Vous plaisantez ! Je pense que vous êtes au courant que ma campagne est terminée, que je ne veux plus entendre parler du FN et que j'ai fait un communiqué à ce sujet. » Elle me dit : « Oui justement, à ce propos… » Elle était bien sûr au courant, c'est pour ça qu'elle appelait, mais elle cherchait à me piéger, peut-être à m'enregistrer. Elle a essayé de voir si elle pouvait me monter contre Thierry. En m'expliquant qu'elle avait parlé à Leonardelli, qu'elle avait compris que Thierry venait de l'UMP pour foutre le bordel, qu'on était en instance de divorce mais que moi j'étais toujours FN… Je n'en reviens pas. Je lui dis qu'elle se trompe sur toute la ligne, que je partage entièrement les réserves de Thierry.

Là, elle change de registre et se montre très virulente. Elle m'accuse d'avoir menti sur la phrase « Toi et tes enfants vous êtes bons pour le four », que je n'ai pas entendu ça. Je lui réponds que je n'ai pas l'habitude de mentir, que j'ai horreur de ça. Par honnêteté, je lui explique la scène telle qu'elle s'est passée, et non comme certains journaux l'ont rapportée un peu vite. Que Pierre m'a dit cette phrase en parlant de son frère. Elle bondit dessus pour dire que c'est donc un faux, qu'il n'y a pas de racistes au FN, que personne ne m'avait tenu de propos racistes, que le FN ne s'en tiendrait pas là… Un peu après, elle m'a rappelée et elle m'a laissé ce message : « Au vu des éléments que j'ai et qui viennent de m'être rapportés, on change d'avis. Je n'ai plus à vous parler. On porte plainte contre vous. »

THIERRY

Elle m'a aussi appelé dans l'après-midi, d'entrée très violente, pour me dire d'arrêter de parler à la presse. Je lui rétorque que je suis très surpris d'avoir de ses nouvelles aujourd'hui et pas plus tôt… Non seulement, la direction nationale du FN n'a jamais voulu faire une enquête sur les dérapages racistes du bureau qu'ils ont nommé, sans élection locale, mais en plus ils nous menacent de procès parce qu'on ose parler ! Au moins, c'était clair. Ce n'est pas le racisme qui leur pose problème mais la mauvaise publicité. Elle me dit : « Arrêtez de suite la presse, on va trouver des choses sur vous. D'ailleurs j'ai trouvé un truc sur vous qui prouve que vous êtes raciste, à telle date sur Facebook », qu'elle allait le faire savoir… Là, je rigole. Elle me dit ça à moi, qui « signale » chaque fois que je vois un militant FN comparer Taubira à un singe… J'essaie d'en placer une, de lui expliquer qu'on a tout essayé avant de faire un communiqué, qu'on ne voulait pas que ça prenne une telle ampleur, qu'on voulait juste prévenir les Saint-Albanais, mais elle ne me laisse pas parler, elle crie et tente de nous intimider. Elle accuse Nadia d'avoir menti. On lui répond qu'on n'a plus rien à se dire : « On n'a plus rien à voir avec vous. Nous ne sommes plus du FN et nous, on dit la vérité. »

NADIA

Leonardelli a publié un communiqué d'une mauvaise foi incroyable, où il accuse la presse de répercuter nos propos sans « aucune prudence » et nous traite de menteurs : « Manifestement, la récente affaire de la fausse agression d'une militante de l'UNEF n'a pas servi de leçon. Cette affaire grotesque est l'aboutissement d'une sombre histoire de jalousie au sein d'une fédération où Monsieur Portheault avait de multiples exigences auxquelles nous avons refusé de céder. » Il annonce que le FN va porter plainte et qu'il « transmettra à la justice des échanges de correspondances qui démontrent largement un règlement de compte local, les mensonges et l'intention de nuire de ce couple ayant récemment quitté l'UMP » ! Je n'en reviens pas. Il faut voir ce qu'ils ont été jusqu'à raconter : que Thierry agissait par jalousie parce qu'on lui avait refusé un poste, qu'il était un militant de l'UMP infiltré, que c'était un complot, et même que j'avais avoué que je mentais, qu'ils avaient un enregistrement… Un journaliste de *L'Express* a écrit qu'« un dirigeant frontiste confie détenir un enregistrement audio où Nadia Portheault reconnaît avoir inventé les propos racistes, et se réserve l'opportunité d'utiliser ce fichier sonore devant la justice[1] ».

Je ne sais pas s'ils font allusion à ma conversation avec Nathalie Pigeot, qu'ils déforment complètement, ou s'ils mentent totalement, mais ça m'a choquée de voir des journalistes reprendre cette version du FN, sans même nous appeler pour vérifier ou entendre notre version ! Quand on était au FN, ils nous disaient tout le temps que

---

1. « Dérapages racistes : comment le FN écarte les brebis immontrables », *L'Express*, novembre 2013.

les journalistes étaient contre eux, qu'ils déformaient la réalité. Avec cette affaire, je m'aperçois que beaucoup ont peur du FN, de la menace des procès et se font avoir. J'ai lu qu'il y avait des dizaines de plaintes en cours contre des journalistes, des blogueurs, des adversaires politiques… Je ne sais pas si les autres politiques font ça. En tout cas, avec le recul, beaucoup de livres ou de films contre lesquels le FN nous avait mis en garde disaient vrai. C'est même pour ça qu'ils en avaient si peur… Ce qu'on a vécu y est analysé. Le racisme qu'on cache mais qui est partout. La famille Le Pen et sa cour qui décident de tout, sans respect pour les militants de base, les parachutages, le cynisme, et la brutalité si on n'est plus de leur côté, comme dans une secte.

À Paris, dans les médias, Nicolas Bay, directeur de campagne du FN pour les municipales, nous traite par le mépris et parle d'« un règlement de comptes dans une petite commune ». Il déclare soupçonner une manipulation de la part d'un couple venant de l'UMP : « Ils étaient membres du Front national depuis moins d'un an. » Ce qui est faux pour Thierry. Louis Aliot nous qualifie carrément d'« affabulateurs » et déclare que j'ai agi ainsi parce que j'étais « jalouse » ! Marion Maréchal-Le Pen me déçoit carrément. Elle se dit indignée par ce qu'elle dit être une « manœuvre politique », basée sur des témoignages « anecdotiques » et des « accusations ridicules ». Pour elle, ce n'est qu'un détail ! Steeve Briois minimise carrément : « Il s'agit de problèmes plus personnels… Si maintenant on doit espionner chaque repas de famille… » Je ne sais pas comment se passent ses repas de famille, mais en l'occurrence il s'agissait d'une réunion militante du FN et de propos qui revenaient tout le temps ! Clairement, tout ce qui compte pour eux, c'est de sauver la face.

Mais ce que j'ai le plus mal vécu, c'est la réaction de Marine. Elle aurait pu chercher à comprendre, tenter de savoir la vérité, se demander s'il ne fallait pas une enquête, nous entendre... Mais non. C'était la guerre et la menace du procès. Quand vous n'avez pas l'habitude et pas beaucoup de moyens, ça fait peur. Il a fallu trouver un avocat. De victimes, on est passés à présumés coupables. Là, j'ai découvert l'autre visage du FN. Qu'ils n'avaient pas de pitié quand il s'agissait de défendre leur boutique... Moi, je les avais défendus bec et ongles, j'ai milité sans relâche au détriment de mes enfants. Le peu de moyens qu'un a, on les a mis sur le Front national. Et me voilà sur le banc des accusés. Une mère de famille au tribunal ! Pour avoir dit la vérité.

Sur les conseils de notre avocat, nous avons décidé de ne pas laisser passer et de porter plainte contre le Front pour « dénonciation calomnieuse ». Leonardelli a baissé d'un ton mais il a continué à répondre aux journalistes avec une mauvaise foi qui me sidère encore. Comme sur France Bleu Toulouse, où il a dit : « Il n'y a aucune personne de responsable qui tiendrait de tels propos, qui sont inqualifiables. Si les époux Portheault apportent la preuve qu'une personne a tenu de tels propos, cette personne sera dans la minute qui suit exclue. Je vais même vous dire plus, si le FN avait été raciste, il n'aurait pas soutenu la candidature de Nadia Portheault à Saint-Alban ». Comme s'il ne savait pas de qui on parlait et comme si mon nom d'origine n'avait jamais posé problème… Quant à Serge Laroze, il nous a carrément traités de « givrés » : « Les givrés, on n'en veut pas chez nous ! »

THIERRY

Ça m'a fait très mal de voir un homme comme Laroze couvrir les mensonges du FN contre nous. J'ai toujours dit la vérité, que c'était un homme poli, chez qui je n'avais jamais entendu de propos racistes… Maintenant, il obéit à Leonardelli. Il a commencé par dire que Nadia mentait quand elle disait que le FN lui avait conseillé de se présenter avec son nom d'épouse. Il a même parlé de « manipulation ». Puis, il s'est mis à raconter partout que j'avais quitté le FN parce qu'on m'a refusé un poste ! Pire, dans une interview accordée à la télévision, il a dit de Nadia : « Je pense qu'elle a dû être reprise en main par la communauté algérienne ou par l'UMP. Puisqu'elle vient de l'UMP et qu'elle a dit qu'elle y retourne, là actuellement. C'est un montage grossier. […] Nous l'attaquons en diffamation parce que c'est gravissime. Mais nous sommes habitués à ces coups bas et nous savons que nous en aurons d'autres pendant cette campagne. » C'est quand même fou de dire des choses pareilles. Il sait bien que Nadia n'a jamais été à l'UMP, que moi je l'ai quitté pour le FN et surtout comment il peut dire que

Nadia a été « reprise en main par la communauté algérienne » !

Nadia

Le plus sinistre, c'est qu'au même moment des sites musulmans m'attaquaient… Comme sur le site Islam & Info. La rédaction a posté un billet disant : « Nadia Portheault, née Djelida, ne souhaite plus être la candidate du Front national à Saint-Alban. Cette française d'origine algérienne dénonce des propos racistes récurrents qui auraient été proférés à son encontre par des militants du Front national sans réaction de la hiérarchie. Du coup le Front national porte plainte contre elle ! Pour ceux qui croyaient que la dédiabolisation concernait les musulmans ou supposés tels, et bien ils repasseront. » Et puis, ils ont ajouté un post-scriptum : « PS : Pour les arabes mariées à des français crachant sur l'islam c'est au PS. » Les commentaires de ce sites communautaires m'ont fait penser à ce que je lisais sur les forums du FN sur les Arabes mais en sens inverse… Un certain « Skagnar » se demande : « Est-ce que cette femme est musulmane ?? Son nom de famille laisse à penser qu'elle a épousé un "mécréant". » Un autre lui répond : « Honnêtement, elle a plutôt une tête de française que de musulmane. » Et d'autres finissent la conversation en disant : « Personnellement, je ne perdrais plus mon temps pour aller voter… TOUS LES MÊMES ! » Comme quoi, les extrêmes se ressemblent.

Thierry

C'est fou ce qu'ils sont capables de dire pour sauver les apparences… L'accusation de « jalousie » est incroyable. Tout le monde sait au FN31 que j'ai toujours refusé les postes à responsabilité, comme la tête de liste que Guy Jovelin m'a proposée. Jovelin le confirme d'ailleurs dans une attestation qu'il a accepté de faire dans le cadre du procès que nous intente le Front. Deux pages détaillées, dans lesquelles il confirme notre version des faits sur tous les points. Il explique que Laroze a bien tiqué quand Nadia a voulu utiliser son nom algérien, reconnaît que j'ai refusé tous les postes à responsabilité qu'il m'a proposés et dit avoir été témoin des propos haineux de Taigne : « lors d'une sortie militante avec les époux Portheault, Pierre Taigne me dit qu'il est raciste, antisémite et se réclame de la famille de Rudolf Hess, le secrétaire particulier d'Adolf Hitler, et ne jure que par lui ». Jovelin explique qu'il a lui aussi tenté d'alerter Julien Leonardelli, en vain : « Quelques semaines plus tard, j'ai un rendez-vous avec Julien Leonardelli, nouveau secrétaire départemental de Haute-Garonne, concernant mon remplacement à la tête de la cinquième circonscription. Julien me demande si je connais une personne susceptible de me remplacer. Je lui dis que seul Pierre Taigne voudrait ce poste, mais je préviens Julien que Taigne est plus qu'extrémiste. Quelques jours plus tard, Pierre Taigne me téléphone en me disant qu'il avait pris le poste, et avait dit à Leonardelli qu'il était sur une ligne très dure, très extrémiste. Un peu plus tard, quand Taigne a eu les propos que l'on sait, les époux Portheault ont averti Julien Leonardelli ; ce dernier a fait la sourde oreille. Il a quand même été averti trois fois ; par moi, par l'intéressé et par Thierry et Nadia. (…) Julien Leonardelli a soi-disant fait une enquête concernant Pierre Taigne. Je suis surpris que Julien Leonardelli ne m'ait jamais entendu en tant que responsable de la cinquième circonscription. Donc je mets en doute les résultats de son enquête. » Il poursuit en disant : « Je n'ai aucun doute sur les époux Portheault, qui sont intègres et sincères. En conclusion, je dirai que je ne témoigne pas contre le FN dont je serai toujours fidèle. Je suis pour la dédiabolisation prônée par la présidente, Marine Le

Pen, et la purge des brebis galeuses dans les fédérations. » Il finit sa lettre en disant « l'affaire Portheault n'est pas l'affaire Portheault mais l'affaire Taigne ! »

D'autres militants ont accepté de faire des attestations qui confirment nos propos. Par honnêteté. Un adhérent du Rassemblement Bleu Marine ne se dit pas surpris « vu certaines observations très vaseuses que j'ai pu entendre lors de ces réunions ». Une autre souligne notre « grande honnêteté ». Un autre écrit : « Je confirme qu'ils ont donné beaucoup de leur temps au parti, jusqu'à se priver de vacances et à faire garder leurs deux enfants en bas âge. Je m'étonne donc de cet acharnement à l'encontre de Monsieur et Madame Portheault, car ceux-ci n'ont jamais eu de mots ni d'intentions à l'encontre des membres du Front national avant que ces faits ne surviennent. »

Tout le monde n'est pas comme eux.

Le plus dur, ç'a été de voir des amis du FN, des gens avec qui on ne faisait pas que militer, nous tourner le dos alors qu'ils savaient très bien qu'on disait la vérité, qu'ils nous ont même pour certains encouragés à la dire. Un jour, je me suis aperçu que Laurent m'avait retiré de ses amis Facebook. Ça m'a blessé. Par contre, un ancien militant de Saint-Gaudens m'a écrit un mot gentil, pour me dire « ton travail n'a pas été fait en vain. Il a marqué les esprits ». N'empêche, la plupart préfèrent croire à la version du FN. Des sites d'extrême droite sont même allés jusqu'à imaginer un complot parce que la page officielle de Nadia continuait à soutenir les candidats du Front des jours après notre rupture avec le Front… Ils en déduisent qu'elle n'était pas d'accord avec moi, alors que c'est simplement un militant du Front qui avait ses codes comme administrateur et qui a continué à alimenter la page comme si de rien n'était ! Ils ont aussi utilisé le fait qu'après mon départ du Front, déboussolé, j'ai relayé un tract du candidat UMP. Il a été plutôt sympa avec nous et je ne voulais plus soutenir le FN, mais honnêtement, je ne me sens plus proche d'aucun parti. Je suis juste certain de ne plus jamais vouloir voter pour le FN !

NADIA

Le Front national, on le connaît maintenant, de l'intérieur. Si Marine Le Pen arrive au pouvoir, moi et mes enfants on déménage. J'ai presque plus peur qu'en 2002. Parce qu'elle est plus dangereuse que son père. On ne la voit pas venir, mais derrière, en coulisses, c'est du pareil au même. Le pouvoir, elle le veut. Et si elle l'obtient un jour, ce sera la guerre civile. Au fond, le vrai programme du FN, c'est de ramener les Africains chez eux. Mais beaucoup sont français aujourd'hui, et on fait quoi avec eux ? On les maltraite, on les humilie, jusqu'à ce qu'ils détestent la

France ? Ça nous mènera où ? On ne peut pas ramener tout le monde à la frontière, c'est du vent, du baratin de politicien pour se faire élire. C'est comme le mariage pour tous. J'ai manifesté contre, j'ai hué Hollande. Aujourd'hui, je suis contente que la loi existe. Je suis pour l'égalité des droits pour tous. Les homos ont été créés par Dieu aussi et je préfère un enfant épanoui avec des parents homos que malheureux avec des parents hétéros.

Il faut accepter la diversité de la société. C'est une richesse. Avant, je pensais que le racisme n'existait plus, que c'était un drapeau rouge agité par la gauche pour éviter de parler des vrais sujets. Mais finalement, ce n'est pas fini. Je l'ai subi au FN mais il monte partout. Il suffit d'aller voir sur Internet ce qu'on peut lire sur les Noirs, les Arabes, les Juifs ou les homos. La parole se libère. Ça fait peur. J'ai envie de me battre, de m'engager. Mais peut-être pas dans un parti. Dans une association. Contre toute cette haine qui menace mon pays. Contre le FN aussi. J'ai l'impression qu'on a volé ma consience, qu'on m'a bernée. Je ne voulais pas cracher dans la soupe, mais à un moment donné, il faut arrêter de fermer les yeux. C'est trop grave.

THIERRY

Je me suis trompé en allant au FN. Marine Le Pen, ce n'est pas la solution. Les autres partis ont leur part de responsabilité. Ils devraient davantage respecter la démocratie, changer l'Europe et faire barrage. Quand je vois qu'une partie de la droite ne s'est pas levée pour soutenir Christiane Taubira quand on l'a traitée de « guenon », ça me choque. Je me dis qu'ils font le jeu du FN. Les propos de Copé sur l'immigration font le jeu du FN. Le racisme, ce n'est pas une idée, c'est un délit.

Depuis cette expérience, j'ai beaucoup changé d'avis sur la politique. Tout est remis en cause. Je ne crois plus dans aucun parti mais je me dis qu'il y a des gens bien partout, à droite comme à gauche. Je resterai gaulliste quoi qu'il arrive et je voterai pour la personne la plus à même de rassembler les Français et de garantir le vivre-ensemble. Une Mandela ou un Mandela, mais un vrai.

J'ai compris tellement de choses. Qu'aucun problème ne mérite de renvoyer les gens chez eux, que d'ailleurs c'est impossible. Il vaut mieux encourager le codéveloppement si on veut freiner l'immigration, au lieu d'en vouloir aux immigrés. Que la laïcité permet de combattre l'intégrisme efficacement, contrairement au racisme. Que je n'aurais pas moins de droits et que les enfants ne seraient pas en danger si mes amis homos peuvent se marier. Que Poutine n'était pas un modèle. Qu'il ne fallait pas voir des complots partout. Sans abdiquer son esprit critique, on se sent mieux en démocratie quand on fait un peu confiance.

Le FN, c'est comme les identitaires. Ils ne veulent pas rassembler mais diviser. Au fond, c'est eux les communautaristes. Ils rêvent d'un monde, qui n'existera jamais, où les Blancs seraient avec les Blancs, les Noirs avec les Noirs. Il faut arrêter ça. Le monde bouge, et c'est très bien. Les gens se mélangent, et je suis pour. C'est très beau le mélange. C'est comme Nadia et moi. Nos enfants sont très beaux. J'espère qu'ils grandiront dans une France apaisée, qui les rendra heureux.

Cet ouvrage a été imprimé
par la Nouvelle Imprimerie Laballery
pour le compte des Éditions Grasset
en février 2014

Composé par INOVCOM

Dépôt légal : mars 2014
N° d'édition : 18248 — N° d'impression : 0000.
Imprimé en France

www.ingramcontent.com/pod-product-compliance
Lightning Source LLC
LaVergne TN
LVHW051237060726
842526LV00013B/2959